保龄球

全民健身项目指导用书

徐延龙◎主编

吉林出版集团股份有限公司　全国百佳图书出版单位

图书在版编目（CIP）数据

保龄球 / 徐延龙主编. ‑‑ 2 版. ‑‑ 长春：吉林出
版集团股份有限公司, 2010.2（2024.8 重印）
全民健身项目指导用书
ISBN 978‑7‑5463‑2325‑1

Ⅰ. ①保… Ⅱ. ①徐… Ⅲ. ①保龄球运动 – 基本知识
Ⅳ. ①G849.4

中国版本图书馆 CIP 数据核字(2010)第 028320 号

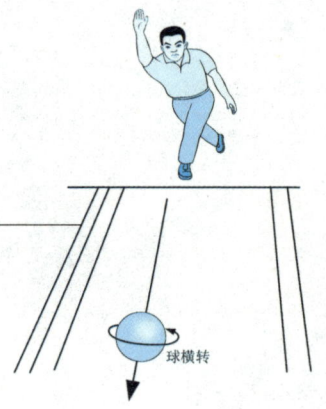

球横转

全民健身项目指导用书

保龄球

BAOLINGQIU

主　　编　徐延龙
责任编辑　黄　群　杜　琳
封面设计　吕宜昌
开　　本　650mm×960mm　1/16
印　　张　6.5
字　　数　30 千
版　　次　2010 年 2 月第 2 版
印　　次　2024 年 8 月第 4 次印刷
出版发行　吉林出版集团股份有限公司
地　　址　吉林省长春市福祉大路 5788 号
邮　　编　130000
电　　话　0431‑81629968
电子邮箱　11915286@qq.com
印　　刷　三河市金兆印刷装订有限公司
书　　号　ISBN 978‑7‑5463‑2325‑1　定　　价　35.00 元

序 言

自 1995 年我国政府推出《全民健身计划纲要》以来，我国群众性体育活动蓬勃发展，取得了显著的成绩。2008 年，举世瞩目的北京奥运会的成功举办，极大地激发了亿万人民群众的体育热情，增强了全社会的体育意识，营造了浓厚的全民健身氛围。面对这样的可喜局面，群众体育科研、教学工作者应义不容辞地为社会实践服务，从不同角度思考，如何使普通百姓通过简而易行的身体锻炼方式、方法和手段达到良好的健身效果，达到拥有健康的目标，从而享受生活、享受快乐人生。该书系就是在这样的思想指导下诞生的。

本书系能够顺应国家体育的大政方针，掌握时代脉搏，对指导大众健身，使大众掌握健身方法和手段有很好的促进作用。

本书系图文并茂，实用性强，分为球类运动、体操健身运动、传统武术、冰雪运动、水上运动、体育舞蹈、休闲运动、格斗运动、民间体育活动和极限运动等十大类项目，计 100 分册，按照统一的体例，力争有所创新。每册的具体内容为该项目的起源与发展、运动保健、基本技术、运动技巧、比赛规则等，使读者在学习过程中，不仅能够学会运动健身的方法，同时还能够学到保健方面的基本知识。

　　经国务院批准，自 2009 年起，将每年的 8 月 8 日定为"全民健身日"。《全民健身项目指导用书》的出版，必将为开展全民健身活动起到积极的推动和指导作用。

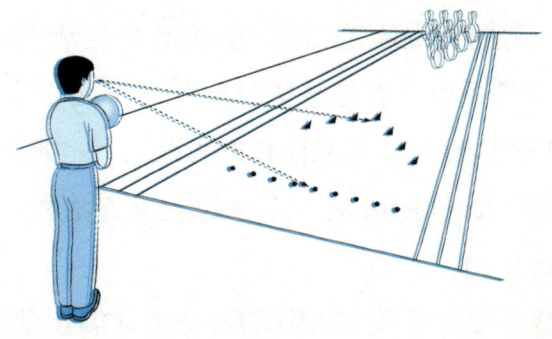

目录 CONTENTS

目录 CONTENTS

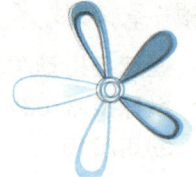
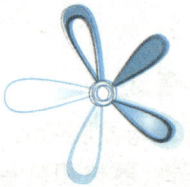

第一章　概述

　　保龄球运动有着悠久的历史，是一个集娱乐、健身为一体的运动项目，并以其自身的独特魅力，吸引着越来越多的人参与其中。它不仅能使人们愉悦心情、健身强体，还能丰富人们的业余文化生活，营造文明的社会氛围。

第一节

起源与发展

保龄球运动的历史悠久，其起源可以追溯到公元前5200年的古埃及，人们在那里发现了类似现代保龄球运动的大理石球和瓶。它是一种在木板道上用滚球撞击前方球瓶柱的室内运动，所以过去又被称为"地滚球"。

 起源

英国伦敦大学名誉教授佛林达斯·佩德里爵士在发掘埃及古墓遗址时，发现了很像保龄球的石瓶和石球。据此判断，在距今7200年前就有了类似保龄球的活动。

现代保龄球运动起源于公元3～4世纪德国的"九柱戏"。在德国教会里，人们用此种方法来检验教徒对宗教的信仰程度。后来，"九柱戏"逐渐发展为人们的一种娱乐方式，并流传到法国、英国和荷兰等国。到14世纪，九瓶制保龄球游戏逐渐发展成为欧洲民间的体育运动。

 发展

保龄球运动很快传播到世界各地，如今，它已成为现代社会中的一项时尚运动，流行于欧洲、美洲、亚洲和大洋洲一些国家。

 传播

17世纪，荷兰移民将九瓶制保龄球带到美洲。18世纪末到19世纪初，美国人对九瓶制保龄球进行了改革，创立了十瓶制保龄球，球瓶呈三角形排列。至此，保龄球被列为一项体育运动项目，受到了广大爱好者的欢迎，成

为一项高雅的室内体育运动。

1875 年，美国成立了世界上第一个保龄球协会。

1916 年，美国女子保龄球协会（WABC）和青少年保龄球协会（YABC）成立。随着这些组织的建立，保龄球运动得到了初步发展。

1952 年，国际保龄球联合会成立，总部设在芬兰。国际保龄球联合会统一了保龄球运动的场地及规则，并在世界范围内推广保龄球运动，举办各种国际比赛。

1974 年，保龄球项目被列为亚运会正式比赛项目。在 1988 年第 24 届汉城奥运会上，保龄球被列为表演项目。在 1992 年第 25 届巴塞罗那奥运会上，保龄球被列为正式比赛项目，后因奥委会的"瘦身运动"而淡出奥运赛场。

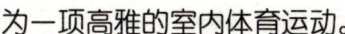

机构与赛事

机构

国际保龄球联合会（FIQ）简称国际保联，创立于 1952 年，总部设在芬兰的首都赫尔辛基。

中国保龄球协会于 1985 年成立，1987 年加入国际保龄球联合会。

赛事

（1）世界保龄球锦标赛，每 2 年一届；
（2）保龄球世界杯赛，每年一届；
（3）亚洲保龄球锦标赛，每 2 年一届。

发展趋势

国内趋势

19 世纪下半叶，保龄球运动开始传入我国。改革开放后，特别是 20 世纪 90 年代以来，保龄球运动在我国得到了较快的发展。

保龄球运动集竞技、健身、娱乐、趣味于一身，适合不同年龄、不同社

会层次的人士休闲健身，是老少皆宜的球类活动，因此深受人们的喜爱，目前已成为全民健身运动的重要组成部分。

国外趋势

由于保龄球运动老少皆宜，易于开展，在欧美国家十分盛行。传入亚洲后，特别是在日本、菲律宾、马来西亚、新加坡、泰国、台湾、香港等国家和地区很受欢迎。现在，随着世界范围内参与此项运动的人越来越多，保龄球运动的竞技水平也将不断提高。

第二节

场地、器材和装备

保龄球运动对于场地、器材的要求非常高，本节重点阐述这项运动的场地规格与要求、所需的器材和必要的装备。

保龄球场地是开展保龄球活动的必备条件。

规格

球道长 19.15 米，宽 1.04～1.07 米；在场地中离犯规线约 4.57 米范围内，有 7 个目标箭头；竖瓶区（瓶舌）从①号球瓶中心线到底部为 0.86 米，10 个瓶位间隔距离各为 0.3048 米，呈正三角形排列。

设施

球道

球道一般由 39 块或 41 块木板拼接而成，运动员投出球后，按照规则规定，要经过球道打击目标保龄瓶，也就是到达瓶台区。

助跑道

　　球道与记分装置之间有段辅助球道，又称助跑区，作为球员持球及助跑掷球的区域。

　　球道和辅助球道之间有条掷球线，又称犯规线。球员在经过 4 步或 3 步、5 步助跑后，在未到犯规线之前应将球掷入球道，否则视作犯规。

瓶台

　　保龄球的瓶台用来放置最终的打击目标——球瓶的区域，瓶台上方配备有全自动置瓶机器装备。

　　保龄球运动是一项室内运动，良好的运动环境、优良的器材条件是打好保龄球的前提。以下主要介绍一下保龄球运动所需器材的规格、材质和要求。

规格

　　保龄瓶高度为 38.85 厘米；底部直径约为 6 厘米；腹部最大直径约为 12.1 厘米；球瓶的平衡重心点不得高过 12.38 厘米，不得低于 18.52 厘米；球瓶重量不少于 1.72 千克，不超过 1.98 千克；球瓶底部配上强化塑胶圈。

材质

　　球瓶一般选用上等枫木为主要材料，经钻孔、黏合、打磨定型和喷涂等特殊工艺加工制成。

 **保龄球**

概述

规格

（1）标准的保龄球的直径为 21.8 厘米，圆周不大于 68.5 厘米；

（2）球的重量从 2.72 千克到 7.26 千克，共计有 11 种规格。

构造

（1）保龄球一般由球核、重量堡垒和外壳三部分组成；

（2）球核是确保标准重量的塑胶填充物；

（3）重量堡垒是重质塑胶粒子合成体，形状多样，如方块状、饼状和杯状等，其主要作用是保证球钻孔后有一个重量补偿，并产生不平衡重量；

（4）外壳一般由氯丁纤维胶树脂构成。

 **装备**

保龄球运动是一个高雅的运动项目，它不同于其他传统的竞技体育项目，在运动装备方面也比较独特。

 **服装**

男球员一般可以穿 T 恤和运动长裤；女球员可穿短袖衫、短裙或长运动裤。

鞋

（1）对比赛用鞋无硬性规定，但以软质橡胶底的球鞋为佳，鞋底不得钉钉子；

（2）鞋子的大小必须适宜，鞋带的绑扎不得过紧或过松。

第二章　运动保健

体育运动对增强体质、预防疾病和促进健康具有良好的作用。但是，并非所有人从事相同的运动都会达到同样的效果。对于同一种运动负荷，不同人机体的反应差异是很大的，即使同一个体，在不同时期、不同机能状态下，对同一负荷的反应及效果也是不一样的。因此，对于不同个体，应制定适合其机能需要的运动强度、时间、频率和持续周期。从事体育锻炼一定要讲究科学性，使机体最大限度地获得运动价值，使某些疾病得到有效的防治。

第一节

自我身体评价

自我身体评价是指根据个体的不同情况以及简单的功能评定标准，对锻炼者进行身体评价，并以此为依据，确定具体的锻炼内容。

适宜人群 ◆◆◆◆◆◆◆◆

体适能是全身适应性的一部分，是人体精神和体力对现代生活的适应能力。为了促进健康，预防疾病，提高生活质量和工作学习效率，几乎所有人都可以追求健康的体适能，而且经过简单的评价和测试，均可以成为目标人群，即适宜人群。

健康体适能评价标准

健康体适能是指身体有足够的活力和精力处理日常事务，而不会感到过度疲劳，并且还有足够的精力去享受休闲活动和应对突发事件。

健康体适能是确定锻炼者是否为运动适宜人群的主要依据。目前的评价标准主要包括国民体质测定标准、学生体质测定标准和普通人群体育锻炼标准等。

国民体质测定标准主要包括形态指标、机能指标和素质指标 3 个部分，各项指标的测定结果均为 1～5 分，共 5 个级别。凡各项指标达不到 4 分或 5 分者，均应被纳入健身人群。

学生体质测定标准分为优秀、良好、及格和不及格 4 个级别。优秀水平以下者，均应被纳入健身人群。

普通人群体育锻炼标准分为 5 个级别，凡达不到 4 分或 5 分者，均应被纳入健身人群。

简易运动功能评定

简易运动功能评定的目的在于确定运动对象有无运动禁忌症或临时运动禁忌的情况，即是否适合参加体育锻炼，以达到防备万一，避免意外事故发生的目的。目前通行的方式是3分钟踏台阶测试。

目的

测试锻炼者运动后心率恢复的情况，以评估其心肺功能。

器材　见图2-1-1

30厘米高的长凳、节拍器、秒表和时钟。

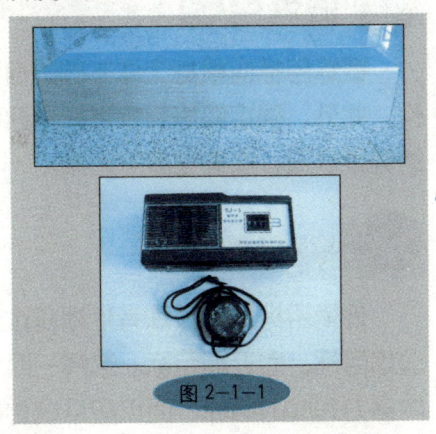

图 2-1-1

步骤　见表2-1-1

（1）节拍器设定为每分钟96次，锻炼者依"上上下下"的节拍运动3分钟。

（2）锻炼者完成3分钟踏台阶后，5秒钟内开始测量其脉搏，时间为1分钟，记录其心率，并依据下表评价其功能水平。

（3）运动后心率越低，证明其心肺功能越好。在运动强度允许的范围内，锻炼者可选择运动强度的较高值来进行运动。

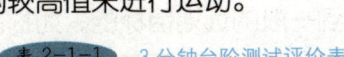

表 2-1-1　3分钟台阶测试评价表

	年龄（岁）	欠佳（次）	尚可（次）	一般（次）	良好（次）	优异（次）
男士	18~25	>115	105~114	98~104	89~97	<88
	26~35	>117	107~116	98~106	89~97	<88
	36~45	>119	112~118	103~111	95~102	<94
	46~55	>122	116~121	104~115	97~103	<96
	56~65	>119	112~118	102~111	98~101	<97
	65+	>120	114~119	103~113	96~102	<95
女士	18~25	>125	117~124	107~116	98~106	<97
	26~35	>128	119~127	111~118	98~110	<97
	36~45	>128	118~127	110~117	102~109	<101
	46~55	>127	121~126	114~120	103~113	<102
	56~65	>128	118~127	112~117	104~111	<103
	65+	>128	122~127	115~121	101~114	<100

如受试者经过努力仍无法完成测试，或出现头晕、胸闷、出冷汗等症状，应终止测试。运动中应特别考虑运动强度，以防出现意外。

锻炼目标

锻炼目标应根据个体不同的身体状况来确定，可分为近期目标和远期目标。此外，确定锻炼目标还应结合锻炼者的运动意向、愿望和兴趣以及本人的健康状况、疾病程度等因素。

近期目标

近期目标是指锻炼者近期应达到的目标。在进行运动之前，应首先明确锻炼目标，即近期目标。选择一两个健康体适能构成要素，作为未来两个月内努力完成的目标，而且应从成功概率较高的构成要素开始，并将预期两个月后要达到的目标做上记号，如提高某个或某些关节的活动幅度，增强某个肌肉群的力量等。

远期目标

远期目标是指锻炼者最终要达到的目标。实践证明，经过科学合理的锻炼后，锻炼者是可以达到一般的远期目标的，如提高心肺功能，使其达到优秀的等级，或达到降血脂、防治高血压和冠心病的目的等。

运动负荷

运动负荷即运动量。怎样控制运动量，合适的运动时间是多少等，一直是人们争论不休的问题。但有一点是可以肯定的，那就是任何有关身体活动的意见和建议，都需要综合考虑锻炼者的身体状况和所要达到的目标，并以此为依据来制订科学的身体锻炼计划。

运动强度

运动过程中，运动强度过小，达不到锻炼的效果；运动强度过大，不仅达不到最佳的锻炼效果，还可能产生一些副作用，甚至出现意外事故。确定运动强度有两种方法。

心率简易推测法

（1）年龄在 20 岁左右的年轻人，身体健康，能坚持体育锻炼，欲进一步提高身体机能，可取最大心率值（最大心率值 =220－年龄）的 65%～85%。

（2）年龄在 45 岁以下，身体基本健康，有运动习惯者，开始进行健身锻炼，可取最大心率值的 65%～80%，没有运动习惯者，开始进行健身锻炼，可取最大心率值的 60%～75%。

（3）年龄在 45 岁以上，身体基本健康，有运动习惯者，开始进行健身锻炼，可取最大心率值的 60%～75%，没有运动习惯者，建议根据自身情况咨询专业人员来指导和确定运动强度。

主观感觉疲劳分级表推测法　见表 2-1-2

运动的疲劳程度大致分为 10 级，具体为：0～1 级，没感觉；2～3 级，尚轻松；4～5 级，稍累；6～7 级，累；8～9 级，很累；10 级，精疲力竭。因此，健身锻炼的运动强度应控制在主观感觉疲劳程度的 4～7 级。

表 2-1-2　主观感觉疲劳分级表

0 轻松	•	2 尚轻松	•	4 稍累	•	6 累	•	8 很累	•	10 精疲力竭

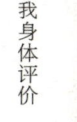

 运动频率

运动频率是指每日及每周锻炼的次数。一般每周锻炼 3～4 次，即隔日锻炼 1 次即可。有充足的休息时间，可使身体得到充分的休息，收到更好的锻炼效果。

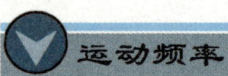 **运动持续时间**

运动强度和运动持续时间，决定了一次锻炼的运动量和热量消耗。运动持续时间与运动强度成反比，运动强度大，运动持续时间可相应缩短，运动强度小，则运动持续时间应相应延长。

一般的健身锻炼，运动持续时间以每天 20～60 分钟为宜，其中包括准备活动时间、健身锻炼时间和整理活动时间。每次健身锻炼应在 20 分钟以上，锻炼可一次性完成，也可分段进行，但每段的活动时间应在 10 分钟以上。

第二节

运动价值

运动价值一直是人们探讨的问题，一般认为运动具有两方面的价值，即健身价值和心理价值。身体和精神的健康是相互依存的，伴随着身体功能的改善，精神状况逐渐也能同时得到改善。

 **健身价值**

健身价值在于提高体适能。体适能包括心肺耐力素质、肌肉力量素质、柔韧性素质和身体成分等。体适能的发展是积极从事锻炼的结果，只有规律性的体育锻炼才能达到最佳的体适能。

提高心肺耐力素质

心肺耐力是指全身肌肉进行长时间运动的持久能力，是体内心肺系统对身体各细胞的供氧能力。人体的心脏、肺、血管、血液等组织的功能是心肺耐力的基础，它们与氧气和营养物质的输送以及代谢物的清除有关。健全的心肺功能是健康的基本保证。

系统的体育锻炼，可以使心肌增厚，收缩力加强，心室容积增大，从而使心脏的泵血功能增强，表现为心血输出量增加。

系统的体育锻炼，呼吸系统机能也将得到提高，表现为呼吸肌的力量增强，肺活量、肺通气量明显增加，保证对机体供氧的能力。

系统的体育锻炼，可以促进血管系统的形态、机能和调节能力产生良好的适应力，从而提高机体的工作能力。

系统的体育锻炼，可以使血液系统产生某些适应性变化，如血容量增加、血黏度下降、红细胞膜弹性增强和红细胞变形能力增强等。

 提高肌肉力量素质

肌肉力量是指肌肉最大收缩产生的对抗阻力或负荷的能力。肌肉力量只有达到一定的程度，才能克服外界阻力，而克服外界阻力是维持日常生活自理、从事各种劳动和运动的必要前提。

系统的体育锻炼，可以提高肌肉的生理横断面积，可以改善神经系统对肌肉收缩的支配功能，还可以提高肌肉内代谢物质的储备量，使肌肉力量得到提高。

 提高柔韧性素质

柔韧性是指人体各关节的活动幅度，即关节的肌肉、肌腱和韧带等软组织的伸展能力。柔韧性对于保证正常生活质量、维持正常体态、预防损伤发生和减轻损伤程度等方面均起到至关重要的作用。

系统的体育锻炼，还可以延缓因年龄因素而导致的柔韧性下降，预防因缺乏运动而导致的关节结构、周围软组织和膝关节肌肉退化，从而使锻炼者

的日常生活、劳动和运动等更加充满活力。

改善身体成分

身体成分是指人体体重中的脂肪组织和去脂组织的重量百分比。身体成分中的脂肪成分增加，肌肉成分必然下降。身体中不具备收缩功能的脂肪组织增加，必然导致身体进行各种活动的能力下降，基础代谢水平降低，肥胖症、冠心病、高血压、糖尿病、高血脂等慢性疾病发病率的提高。因此，身体成分是保证人体健康的重要内容之一。

通过系统的体育锻炼，随着锻炼者体质的增强，热量消耗便随之增加，进而燃烧掉体内多余的脂肪，使身体成分得到改善。而身体成分的改善，又可以减少体重对关节可能带来的不利影响，还可以使肥胖者的心理状况得到改善，增强其自信心，使其逐步建立起健康的生活方式。

心理价值

研究证明，有规律的体育锻炼不但可以使锻炼者增强体质、促进身体健康、预防一些慢性疾病，还可以提高锻炼者的生活满意度和生活质量，对其心理健康产生积极影响。

体育锻炼的心理健康效应主要表现在六个方面：

改善情绪状态

短期效应

研究发现，体育锻炼对人的情绪状态具有显著的短期效应。运动后人们的焦虑、抑郁、紧张和心理紊乱等症状会明显减轻，而精力和愉快程度则会明显增强。而且这种情绪的迅速变化，与锻炼者个体的健康状况、活动形式和活动强度等有着直接的联系。

长期效应

体育锻炼对人情绪的长期效应有着直接的影响，与不锻炼者相比，有规律的锻炼者在较长时期内很少会产生焦虑、抑郁、紧张和心理紊乱等情绪。

完善个性行为特征 见表 2-2-1

人们的行为特征一般可以分为两种类型，用 A 型行为特征和 B 型行为特征来表示。A 型行为特征主要表现为性情急躁、争强好胜、容易激动、整天忙碌和做事效率高等。B 型行为特征主要表现为不好竞争、不易紧张、不赶时间、对人随和、喜欢自由自在等。具有 A 型行为特征的人由于过度紧张的情绪反应，会引起内分泌失调，增加心脏病发病的概率。目前的一些研究主要集中在体育锻炼对改变 A 型行为特征的作用方面。研究结果表明，有规律的体育锻炼能明显改变 A 型行为特征。

 表 2-2-1　A、B 型个性行为特征常见表现

A 型行为特征者常见表现	B 型行为特征者常见表现
约会从来不迟到	对约会很随便
竞争意识很强	竞争意识不强
别人要讲话时总爱抢先或插话	是别人讲话时很好的听众
总是匆匆忙忙	即使有压力也从不匆忙
等待时缺乏耐心	能够耐心等待
干事时全力以赴	处事漫不经心
同时想干很多事	在一段时间里只干一件事情
讲话喜欢用加强语气，甚至敲桌子	讲话语速缓慢，不慌不忙
做了好事希望能得到别人的认可	只要自己满意即可，不管别人怎样想
吃饭、走路都很快	做事情很慢
不善与人相处	为人随和
容易暴露自己的感情	能控制自己的感情
具有广泛的兴趣	没什么业余爱好
雄心壮志	满足于目前的工作和学习状况

 确立良好自我概念

自我概念是指个体对自己身体、思想和情感的主观整体评价，它由许多自我认识组成，包括我是什么人、我主张什么和我喜欢什么等。

坚持体育锻炼，可以使锻炼者体格强健、精力充沛、提高驾驭身体的能力，从而改善对自身的满意程度，确立良好的自我概念。

 改变睡眠模式

根据脑电图的显示，人的睡眠可以分为两种状态，即慢波睡眠状态和快波睡眠状态。前者为浅度睡眠状态，后者为深度睡眠状态。一夜之间两种睡眠状态会交替发生 4～5 次。

有规律的体育锻炼不仅对慢波睡眠有促进作用，而且能缩短入眠的潜伏期，并延长睡眠的时间。

 改善认知能力

体育锻炼还能改善人的认知过程，避免反应时间过长、注意力不集中和思维混乱等症状的发生，尤其对老年人的认知能力改善效果更为明显。

 增加心理治疗效应

体育锻炼被公认为是一种心理治疗的好方法。目前人群中常见的心理疾患是抑郁症和焦虑症。研究发现，体育锻炼是治疗抑郁症的有效手段之一，抑郁症患者经过有规律的体育锻炼，抑郁症状能明显减轻。

体育锻炼还具有治疗焦虑症的作用，通过有规律的体育锻炼，可以使锻炼者的焦虑症状明显改善。

第三节

运动保护

在运动过程中，人体机能会随时发生变化。因此，应针对这种机能变化的特点来进行体育锻炼，也就是我们所说的运动保护。运动保护一般包括运动前准备、运动后放松和自我养护三个方面。

 **运动前准备**

准备活动是指在正式运动之前进行的有目的的身体练习。做好充分的

准备活动，可以缩短机体进入最佳状态的时间，同时还可以预防运动损伤的发生，为机体发挥最大的工作效率做好功能上的准备。

 ## 准备活动的作用

提高中枢神经系统兴奋状态

（1）使大脑反应速度加快，参加活动的运动中枢神经相互协调。

（2）为正式运动时生理机能达到适宜程度提前做好准备。

提高机体代谢水平

（1）准备活动可以使锻炼者体温升高，降低肌肉黏滞性，使肌肉的伸展性、柔韧性和弹性增强，从而有效预防运动损伤的发生。

（2）准备活动可以增强体内代谢酶的活性，使物质代谢水平提高，以保证运动时有较充分的能量供应。

克服内脏器官生理惰性

（1）准备活动可以提高心血管系统和呼吸系统的机能水平，使肺通气量及心血输出量增加。

（2）可以使心肌和骨骼肌的毛细血管扩张，使其工作肌获得更多的氧，从而克服内脏器官的生理惰性，使之尽快达到最佳状态。

增加皮肤毛细血管的血流量

准备活动可以使皮肤毛细血管的血流量增加，运动后毛细血管扩张，有利于散热，降低体温，有效防止开始正式活动时由于体温过高而影响运动能力。

 ## 准备活动要求

准备活动时间

（1）准备活动的时间可以根据运动项目的具体情况确定，一般以10～30分钟为宜。

（2）准备活动与正式运动的间隔时间，一般以不超过15分钟为宜，可以在做完准备活动后立刻进行正式运动。

准备活动强度

（1）准备活动的强度和量应较正式运动小，以免引起不必要的疲劳。

（2）准备活动的量可以由心率来决定，心率以 100～120 次／分为宜。

准备活动内容

一般性准备活动

一般性准备活动的内容多以伸展运动开始，然后进行一般性的跑步、徒手体操等活动。

下面介绍一套常用的一般性准备活动操，供锻炼者运动前使用。这套活动操主要包括头部运动、肩部运动、扩胸运动、体侧运动、体转运动、髋部运动和踢腿运动等。

头部运动

头部运动的动作方法（见图 2-3-1）：两手叉腰，两脚左右开立，做头部向前、向后、向左、向右，以及绕环运动。

图 2-3-1

肩部运动

肩部运动的动作方法（见图 2-3-2）：手扶肩部，屈臂向前、向后绕环，以及直臂绕环。

扩胸运动

扩胸运动的动作方法（见图 2-3-3）：屈臂向后振动及直臂向后振动。

体侧运动

体侧运动的动作方法（见图 2-3-4）：两脚左右开立，一手叉腰，另一臂上举，并随上体向对侧振动。

体转运动

体转运动的动作方法（见图 2-3-5）：两脚左右开立，两臂体前屈，身体向左、向右有节奏地扭转。

髋部运动

髋部运动的动作方法（见图 2-3-6）：两脚左右开立，两手叉腰，髋关节放松，向左、向右 360 度旋转。

图 2-3-2

图 2-3-3

踢腿运动

踢腿运动的动作方法（见图 2-3-7）：两臂上举后振，同时一腿向后半步，重心置于前腿，两臂下摆后振，同时向前上方踢腿。

图 2-3-4

图 2-3-5

图 2-3-6

图 2-3-7

❋ 专门性准备活动

专门性准备活动的动作方法、节奏和强度等与正式锻炼相似，目的是使人体主要肌群在运动前得到动员，为正式锻炼做好准备。

运动后放松是指运动之后所进行的一些能够加速机体功能恢复的、较轻松的身体活动。与运动前准备活动相反，其目的是使锻炼者的生理机能水平逐步得到恢复。

❋ 运动性手段

（1）运动结束后，锻炼者可采用变换运动部位的方法来消除疲劳，如上肢出现疲劳时可做一些慢跑运动，下肢出现疲劳时可做一些上肢运动。

（2）转换运动类型也是一种不错的放松方法，如打羽毛球出现疲劳时，可从事瑜伽运动来达到放松的目的。

（3）还可以用调整运动强度的方法来缓解疲劳，如可以在放松过程中，采用小强度的轻微运动方法等。

❋ 整理活动 见图 2-3-8

（1）整理活动是指运动后所做的一些能够加速机体功能恢复的身体活动，如剧烈运动后进行 3～5 分钟慢跑或其他整理活动，使身体机能得以恢复。

（2）剧烈运动后如不做整理活动而骤然停止动作，会影响氧气的补充和静脉血的回流，使机体血压降低，引起不良反应。

图 2-3-8

（1）在进行整理活动时动作应缓慢、放松，运动量不要过大，否则会引起新的疲劳。

（2）在进行整理活动时，应当保持心情舒畅、精神愉快。

锻炼后，锻炼者感觉身体疲劳是一种正常的生理现象，是体育锻炼过程中的正常反应，随着体育锻炼时间的延长，疲劳症状会自然消失。运动性疲劳出现后，锻炼者如果采用一些自我养护措施，可以加速身体机能的恢复，尽快消除疲劳，提高锻炼效果。常见的自我养护方法主要包括运动后休息、合理营养和物理手段等三种。

静止性休息 见图 2-3-9

（1）静止性休息是指锻炼者运动后保持机体相对的静止状态，以促进身体机能的恢复，尽快消除疲劳。

（2）静止性休息的最佳方式之一是睡眠，特别是刚开始从事锻炼者，身体不适应或疲劳症状明显时，更应该保证足够的睡眠，否则，锻炼者虽然积极参加了体育锻炼，但收效甚微，甚至会导致过度疲劳症状的发生。

（3）静止性休息更适合于消除全身运动导致的整体疲劳症状。

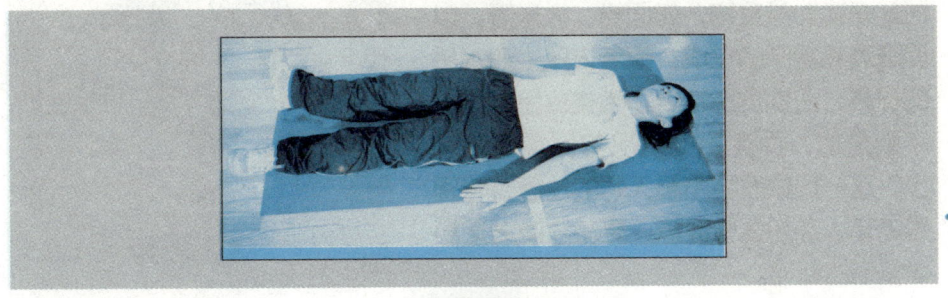

图 2-3-9

积极性休息 见图 2-3-10

（1）积极性休息更适合由于少量肌肉群参与工作而导致的局部疲劳，或运动强度较大而导致的快速疲劳。

（2）积极性休息可以加速血液循环，有利于代谢物排出体外，对促进身体机能的恢复具有明显的效果。

图 2-3-10

合理营养 见图 2-3-11

小强度、长时间的运动形式，主要是靠糖原的有氧代谢提供能量。运动后应及时补充淀粉类食物，如面粉、大米等，以促进消耗糖原的合成。随着人民生活水平的提高，在饮食结构中，肉类食品的比重不断增加，而淀粉类食品的比重逐渐减少，这一现象应当引起人们的注意，特别是老年人参加体育锻炼，更应注意对淀粉类食物的补充。

图 2-3-11

强度较大、时间又相对较长的运动形式，主要是靠糖原的无氧代谢提供能量。这样，糖原无氧代谢产物——乳酸便会在体内大量堆积。因此，运动后应多补充蔬菜、水果等碱性食品，以加速乳酸的清除，达到尽快消除疲劳的目的。

物理手段

按摩及牵拉 见图 2-3-12

（1）通过刺激神经末梢、皮肤结缔组织和毛细血管的按摩方法，可以使紧张的肌肉得以放松，从而改善局部组织和全身的血液循环，达到促进身体机能恢复的目的，这种方法可以在锻炼后马上进行。

（2）此外，还可以采取缓慢牵拉肌肉的方法，使收缩的肌肉得到充分的伸展放松。

水疗及电疗

（1）水疗包括芬兰式蒸汽浴、热水浴和桑拿浴等多种形式，主要作用是通过提高体温，促进血液循环，清除代谢物，以达到尽快消除疲劳、恢复体力的目的。

（2）水疗的时间一般以不超过 30 分钟为宜，如果时间过长，会进一步消耗体力，严重时甚至会出现暂时性脑缺血现象。

（3）如果条件允许，还可对疲劳的肌肉进行低频治疗。低频治疗仪的原理是模拟针灸疗法，使用时将电极用不干胶对称地粘贴在运动部位表皮上。这种疗法可以促进局部血液循环，改善组织代谢，缓解肌肉酸痛，消除疲劳。

图 2-3-12

第三章　基本技术

做为一名保龄球爱好者，不仅仅要了解、掌握保龄球的一般知识，还要掌握基本技术。因为在球道上，并非把球投出去那样简单。由于球的重量，转速，握球技术及持球方法的不同，投球者的手臂、手掌力量的不同，送球路线、瞄准点不同，所以击倒球瓶的效果也就大不一样了。为了领略保龄球变化的奥妙，真正体会保龄球的乐趣，一定要加强保龄球基本技术的学习。

第一节

握球及持球

掌握良好的握球技术及持球方法是打好保龄球的基础，初学者及专业运动员要取得好的投球效果，都要从握球技术及持球开始。

 握球

握球是投球的开始，握球的好坏直接影响投球的效果。

动作方法 见图 3-1-1

（1）（以右手握球为例）是将球从回球机或球架上捧起，然后双臂弯曲，左手托住球体的底部，先将右手的无名指和中指插入指孔（插入的深度：专用球以第一指节为限，通用球以第二指关节为限），再把大拇指深深插进拇指孔，手心贴紧球面，把球握住。

（2）食指和小指握法有以下四种：食指和小指自然并拢、食指和小指均匀分开、食指分开小指并拢、食指分开小指弯曲。

（3）球握好后，将右臂自然下垂伸直。

（4）持球手的手腕有三种不同的姿势：手腕挺直、手腕向

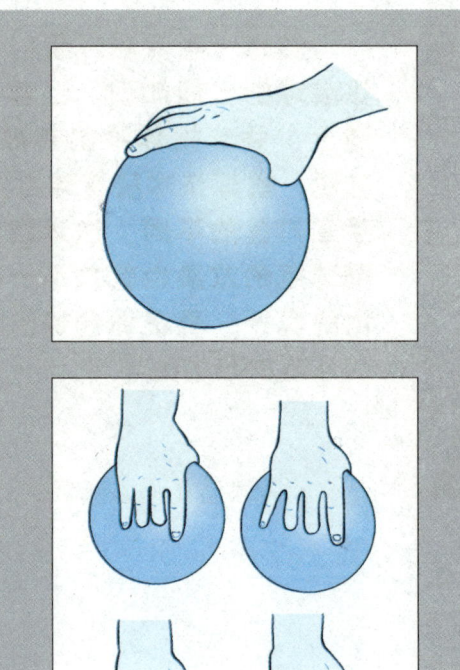

内侧弯曲、手腕向外侧张开，持球手手腕的弯曲姿势将决定投球的形式，绝大多数运动员采用前两种姿势。

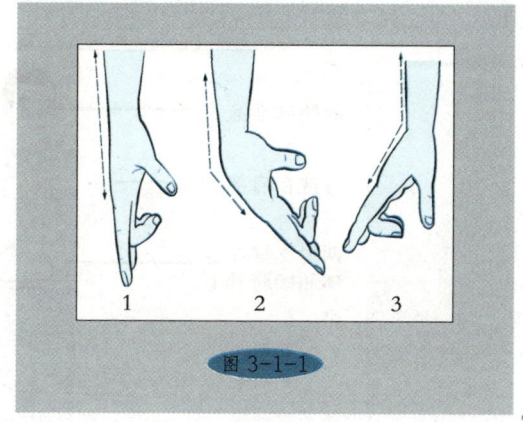

图 3-1-1

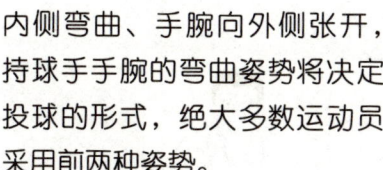

双臂弯曲，左手托住球体的底部，先将右手的无名指和中指插入指孔（插入的深度：专用球以第一指节为限，通用球以第二指关节为限），再把大拇指深深插进拇指孔，手心贴紧球面，把球握住。

注意事项

（1）选择好适合自己重量的球。

（2）握球的姿势要正确、自然。

（3）选择好握球姿势后必须始终如一，不能因运球摆臂等不同动作而中途改变握球的方式。

（4）三种手腕姿势将决定投球的姿势，绝大多数球员采用前两种姿势。无论挺直、弯曲，或张开，姿势必须始终如一。

 持球

动作方法 见图 3-1-2

（1）在准备投保龄球时，球要放在腰的上部，肩部以下，身体中心线靠右的位置。用两手拖住保龄球的下部，球尽量靠近身体，两臂肘部支撑在腰部。

（2）头、两肩、腰部要直对着目标。特别是两肩要放松，保持平衡。通过膝关节的弯曲，持球姿势分低重心、中等重心和高重心三种姿势。

眼睛瞄准箭头 ——

球放在肩部下 ——

两肘支撑在身体和腰胯骨上 ——

膝关节放松 ——

右脚略在后，以便出步 ——

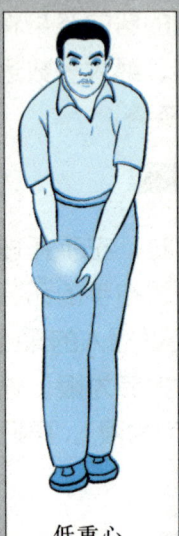

低重心

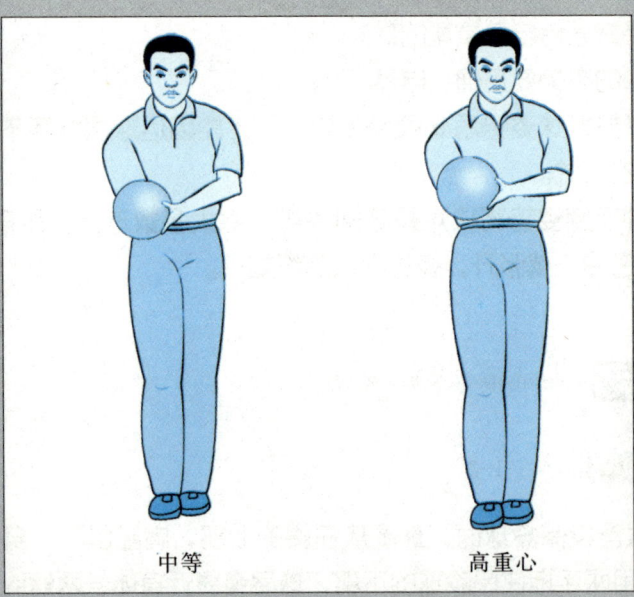

中等   高重心

图 3-1-2

❖ 技术要点

眼瞄准箭头，球放在肩部以下，两臂肘支撑在身体和腰胯骨上，膝关节弯曲、放松，右脚略在后。

❖ 注意事项

（1）持球过高时，投球摆动就大，助走的步伐就会加大，影响身体平衡，出手易不稳。

（2）持球过低时，投球摆动就小，出球就会无力，也就没杀伤力。

（3）持球偏离体外时，身体和球的重心不在一条直线上，直接影响到摆动也不在一条直线上。因此，持球时，头、两肩、腰部要直对着目标。两臂肘支撑在身体和腰胯骨上，特别是两肩要放松，保持平衡，还要进行心态的调整。

第二节

投球技术

　　保龄球是将球拿起，再投出的运动，它看似简单，实际却有较高的难度，只要身体的平衡被破坏，就会投出坏球。不经过专家的指导，无论怎样的刻苦练习，甚至打了千局以上，也还是难以稳定地打出 180 分的有效成绩。所以掌握保龄球的运动原理，从基础开始进行正规的训练，才是提高保龄球水平的必经之路。从站在起步线上持球开始，到保龄球出手，始终要求动作连贯，身体平衡，手脚协调。反之，动作断断续续，身体歪歪斜斜，手脚互相干扰，则根本不可能投出好的球。保龄球还要求心神合一，全神贯注，切忌浮躁。要正确地投出保龄球，就要了解投球的 7 个连续基本动作组成。

　　以最常用的四步助走投法，右手投球为例，介绍 7 个连续的动作。

动作方法 见图 3-2-1

　　（1）持球准备。站在已经选好的起步位置，心平气静地用双手将保龄球持于胸部，投球的右手为主托力，平衡的左手为辅助力。

　　（2）伸出。向前迈出第一步右脚，同时双手持球向前，自然伸出。右脚落地时，双手持球伸展到最前方。

　　（3）下落。第二步左脚向前迈出，此时双臂已伸展到最大限度，受地心重力的影响，球自由地开始下落。下落的同时，左手自动撤出，由原先的双手托球，变为右手单手抓球。左脚落地时，保龄球应正好下落到与身体纵轴呈一条直线处，也就是最低点处。

　　（4）后摆。第三步右脚向前迈出，球像钟摆一样地向后扬起。后摆的关键是不可过高，过高会造成出球不稳。过低又会造成出球无力。正确的姿势是将球摆到和肩部一样高。在后摆达到最高点时，右脚正好落地。同时身体略向前倾斜。

（5）回摆。第四步左脚向前迈出，此时保龄球在后扬到自然的最高点后，也正在变成反弹，迅速地向前摆动。这一步的时间最为短暂，仅有0.5秒。在左脚落地的同时，右手摆动保龄球正好运到左脚的裸骨处，有一个手脚同时的稳定过渡期，一起进行滑步。

（6）出手。第四步落地后继续滑行半步，在此途中球在出手点处低位出手。不同的投球方法，有不同的出手姿势，都是在这一瞬间中决定和完成。

（7）收势。滑步停止，保龄球投出。此时动作决不可骤然停止，右手应继续按出球时的姿势上扬，直至过头后再停止。完整的收势，对于球轨非常重要，收势不完整，完全可以引起1块板以上的偏差，造成脱靶的恶果。

技术要点

（1）投球时面向瓶台，两脚前后开立，左脚在前，右脚在后，双膝自然弯曲，重心落在左脚上，右手握球，右臂弯曲呈90度，左手助握。

（2）右手在左手的帮助下，迈右脚，将球向前下方推出，右臂伸直与躯干呈45度角。

（3）迈左脚，左手离球，右臂借助球体的重力向后摆动。

（4）当摆动到与地面垂直时，迈右脚，身体重心由左腿移至右腿，右臂继续后摆至身后，尽量与肩齐平。

（5）回摆时左脚向前迈出，同时左脚贴着地面向前方滑出一大步，脚尖先着地，再逐步过渡到全脚掌着地，左右两腿呈弓箭步，左脚脚尖、左膝与左臂在同一条直线上，躯干前俯，左腿支撑，右腿蹬地，以腰为轴带动右臂从身后加速向前下摆动，左臂伸直外展保持身体平衡。

（6）当右臂摆动至与地面垂直、球离地约15～20厘米时，握球手开始放球，大拇指自然先行脱出指孔，中指、无名指向上钩提后脱出指孔，然后右手上扬，顺势拉起身体，完成动作。

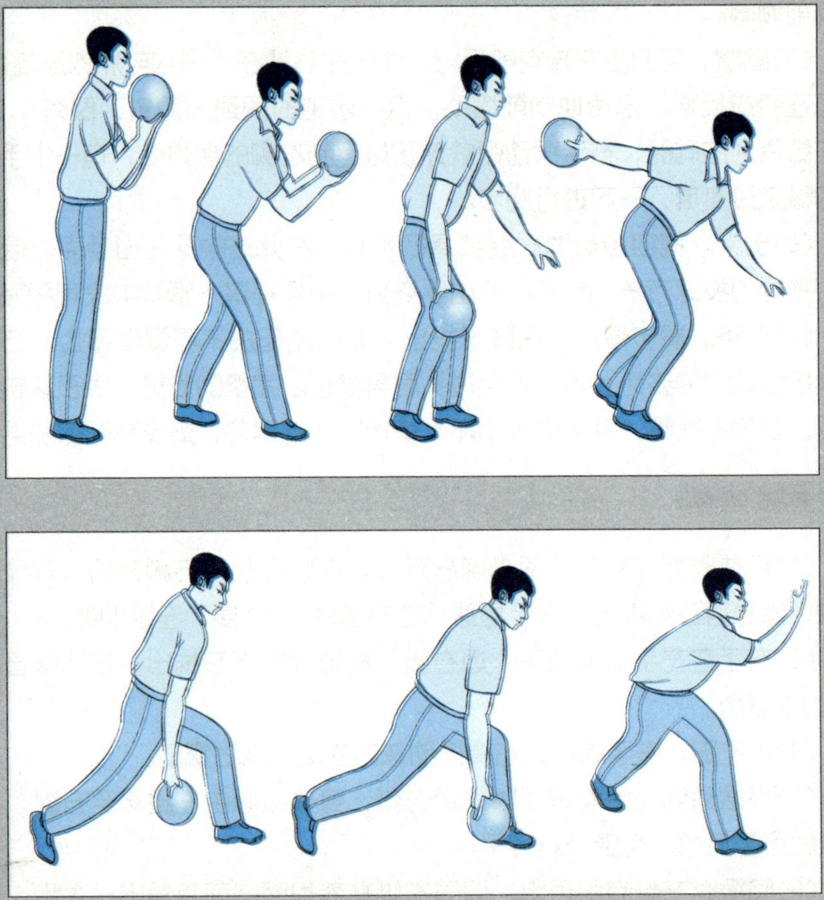

图 3-2-1

确定起步位置

　　投保龄球必须使用助走方法，助走有三步助走投球法、四步助走投球法和五步助走投球法，每个人在投球前，必须要先确定自己使用哪种保龄球投法，然后再决定起步位置。

动作方法 见图 3-2-2

（1）四步助走投球法助跑起点。最常用的四步助走法的起步位置是：球员在犯规线前约 7 厘米处，面向助跑道底部直线行走 4 个自然步加半步，转身面向球道，这时站立的位置就是四步助跑的起点。

（2）五步助走投球法助跑起点。球员在犯规线前约 7 厘米处，面向助跑道底部直线行走 5 个自然步加半步，转身面向球道，这时站立的位置就是五步助跑的起点。

（3）三步助走投球法助跑起点。球员在犯规线前约 7 厘米处，面向助跑道底部直线行走 3 个自然步加半步，转身面向球道，这时站立的位置就是三步助跑的起点。

优秀的选手，都是在接近犯规线的地点投出保龄球，因为离犯规线越近，离保龄瓶的距离也就越近，所以也就越容易出好成绩，但绝不可犯规。无论身体的任何一部分，只要越过了犯规线，都会亮起红灯。然后，就需要决定起步位置的左右站位。左右站位是用右脚尖比照助走席上的 7 个辅助圆点来决定。一般是根据球轨需走第几号瞄准箭头来考虑，因投曲线球和投直线球不同，所以需自己认真找寻。

技术要点

先确定使用哪种保龄球投法，然后再决定起步位置。

一般而言，站位的错误，只能导致 1～2 块板的差异，而出手的错误，则会产生 3～5 块板的差异，初学者需要照顾大的一头。可是对于职业选手来说，他们的球轨和出手手形已是相当的固定，他们不可能、也不允许出现 3 块板以上的偏差。这样，起步站位就变成了他们的重点。每次投球前，他们都会针对球道的油性，残留瓶的排列位置，而仔细地调整起步位置，一般都要进行一块板左右的移位精细调整。在第一次，也就是首次投球时，投球者都是以 1 号瓶为瞄准目标。无论是曲线式还是飞碟式，瞄准的都不是 1 号瓶的正面。正击中 1 号瓶的正面，会造成 7 号瓶、10 号瓶的残留。最好的打击位置是 1 号瓶与 3 号瓶之间的黄金档。在第二次投球打残留瓶时，将根

据残留瓶的分布位置，重新左右移动，调整起步位置。

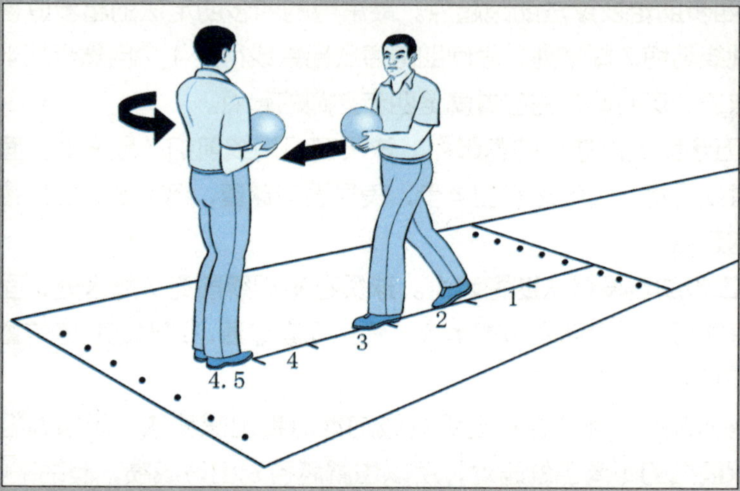

图 3-2-2

基本技术

击瓶的技术

　　投球可以顺利地出手，但未必打得到球瓶，尤其是各种复杂形态的残留瓶。击瓶的技术要点是：运用有节奏、协调的姿势，正确地瞄准目标，根据自己的球轨调整站位。打保龄球有三个瞄准方法：直接瞄准球瓶，瞄准准星箭头，瞄准辅助准星圆点和准星箭头。

直接瞄准法

动作方法 见图 3-2-3

　　以保龄瓶为直接瞄准目标。它的特点是简单明快，但是一般只限于直线球。因为由于目标相隔过远，在 18 米开外，不利用任何仪器测量，再好的眼睛也容易产生错觉。

技术要点

根据自己的球轨，调整站位，直接瞄准保龄瓶。

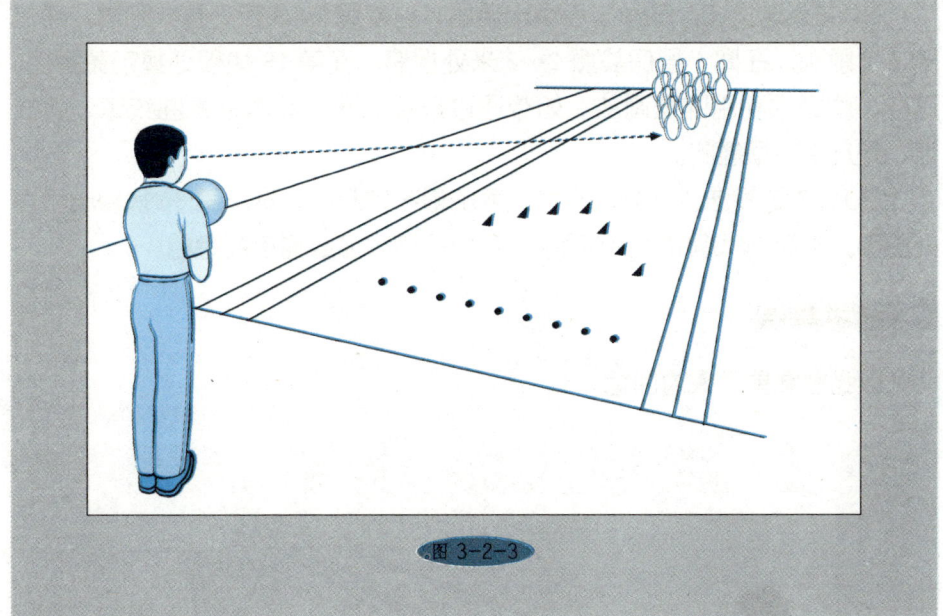

图 3-2-3

准星箭头设在离投球线 4 米多远的地方，有 7 个长 15 厘米的黑色箭头，以大雁飞翔的形状排列。标志非常醒目，每一个箭头都和有关的瓶直线相连。只看箭头，实际上即可顺延到有关的瓶。也就是说以瞄准箭头为目标，实际上和瞄准相关的保龄瓶是一样的效果，但是距离 4 米与距离 18 米相差 4 倍之多，当然是近距离的好瞄准、好控制。

动作方法 见图 3-2-4

（1）直线球投法和飞碟式投法。直线球投法的人多直接瞄准保龄瓶，箭头作用对这些人似乎并不显著。而飞碟式投法由于已是高级投法，选手都经过了很长时间的练习，所以用的是箭头瞄准法。

（2）曲线球投法。球从出手点出手后，沿着第 10 块板处直线前进，通过第 2 个箭头，在离 1 号保龄瓶 2～3 米处拐弯，在第 18 块板处撞击黄金档。这样，就必须利用瞄准箭头。如想通过直接瞄准保龄瓶来投曲线球、弧线球，是几乎不可能的。

（3）弧线球投法。一般站在助走席的最左端起步，球从第 30 块板出手点处出手，走第 20 块板的中央箭头，形成一道大弧线撞击黄金档。

技术要点

以瞄准准星箭头为目标。

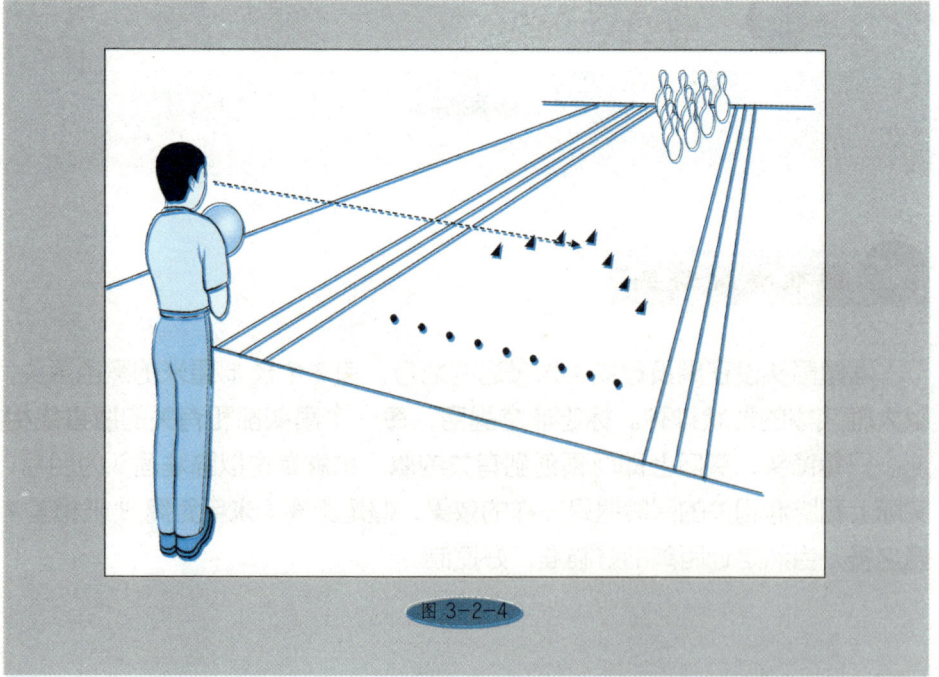

图 3-2-4

瞄准辅助准星圆点和准星箭头

这种瞄准法叫做组合瞄准法，它比单纯瞄准箭头更为精确。选手在头脑中有一条明确的想象球轨，它不只是笼统地打哪个保龄瓶，连打保龄瓶的哪个部位，打中后此瓶飞向何处，起到哪种连带作用，都计算得清清楚楚。

动作方法 见图 3-2-5

辅助准星圆点的划分要比准星箭头精确得多，准星箭头相隔 5 块板，而它相隔仅 2 块板或 3 块板。辅助准星圆点集中于球道的两侧，而在中央部位空白。只有掌握高级打法的保龄球选手才采用。它对打复杂的残留瓶特别有效，能修正到 1 厘米以下的偏差精度，撞击首位残留瓶的特定部位，从而完成补中。

技术要点

投球前计算清楚，同时瞄准辅助准星圆点和准星箭头目标。

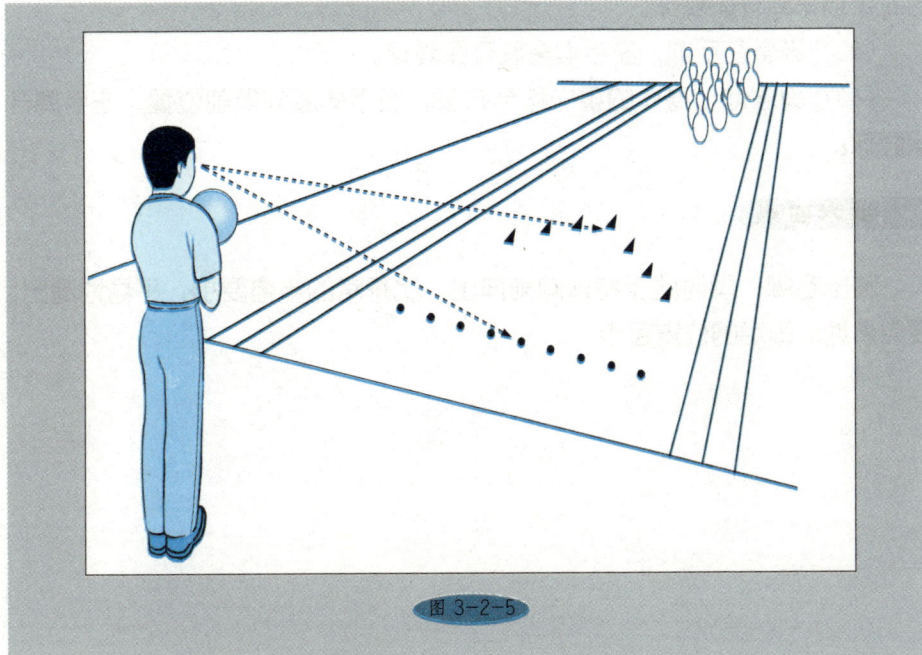

图 3-2-5

第三节
助走

投保龄球的助走分三步助走投球法、四步助走投球法、五步助走投球法三种。最常用的是四步助走投球法。

第一步——右脚

✿ **动作方法** 见图 3-3-1

（1）持球时身体的重心放在两脚上，起步时重心移向左脚，开始起步。

（2）右脚完全离开地面，体重靠左腿支持，持球手臂慢慢前伸出去，此时左手还未离开保龄球。

（3）右脚悬在空中，左手准备离开保龄球。

（4）右脚落地，身体的重心移至右脚，右手伸展到最前位置，左手离开保龄球。

✿ **技术要点**

踏出右脚，同时两手持球向前伸出，比平常的步幅要小，平稳地滑出。要自然地从固定的位置起步。

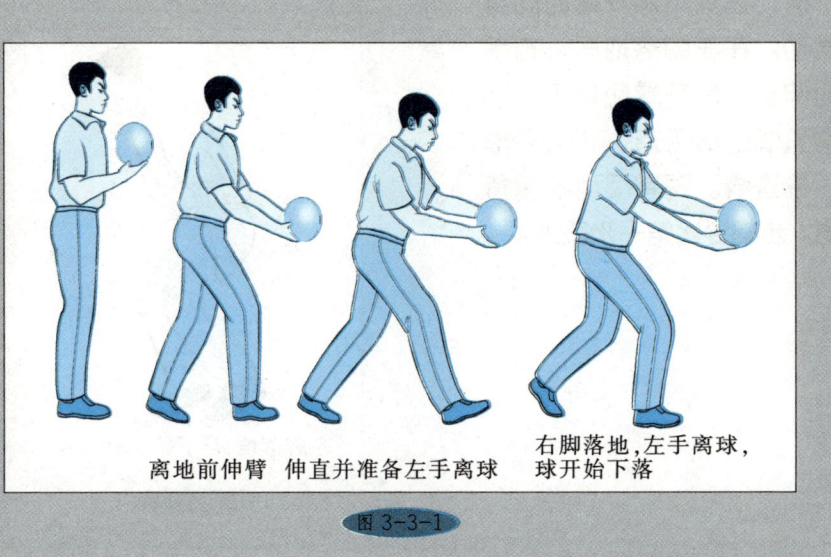

离地前伸臂　伸直并准备左手离球　　右脚落地，左手离球，球开始下落

图 3-3-1

第二步——左脚

 **动作方法** 见图 3-3-2

（1）第一步完成时，左脚开始抬起，同时，持球手臂伸满落下，左手向侧方伸展。

（2）左脚完全离开地面，右手持球加速下落。

（3）左脚着地，此时保龄球应下落到最低点，应和身体的重心线呈一条直线。

技术要点

保龄球下落时，身体重心移到右脚，此时开始迈出左脚，左手离开保龄球，右手持球顺

下落途中

势下落，在球下落开始时向身侧摆动。在左脚落地后，右手臂应伸直，保龄球应该下落到摆动弧线的最下方，和上身形成一条直线。两肩尽可能保持平衡。步幅要比第一步略大。

左脚落地，球下摆至最下方

图 3-3-2

第三步——右脚

 见图 3-3-3

（1）在右脚踏出的同时，保龄球移向身体的后方。左手为了保持平衡，逐渐向左侧上方展开。

（2）在右脚快落地时，后摆达到最高的位置，和肩头齐平。第三步要比第二步步幅更大，速度更快。

（3）右脚完全落地，左脚即将抬起。上身略向前倾。一切即将进入最后阶段。此时保龄球后摆到最高位置，在下落回摆时，有一个定格停顿的时间，左手也已充分扬起。

技术要点

（1）保龄球继续由身体的重心线部位向后摆动，此时第三步右脚大步迈出。由于球的后摆，上身会自然前倾，身体重心前移。

（2）球摆的高度，一般以达到和肩平的状态最为适宜。

（3）后摆时，需要伸出左手来保持身体平衡。后摆过高，超过肩，易造成出球不稳。后摆过低，低于腰，出球没有力量。后摆朝左偏，出球会偏向右方；后摆偏右，出球会偏向左方。

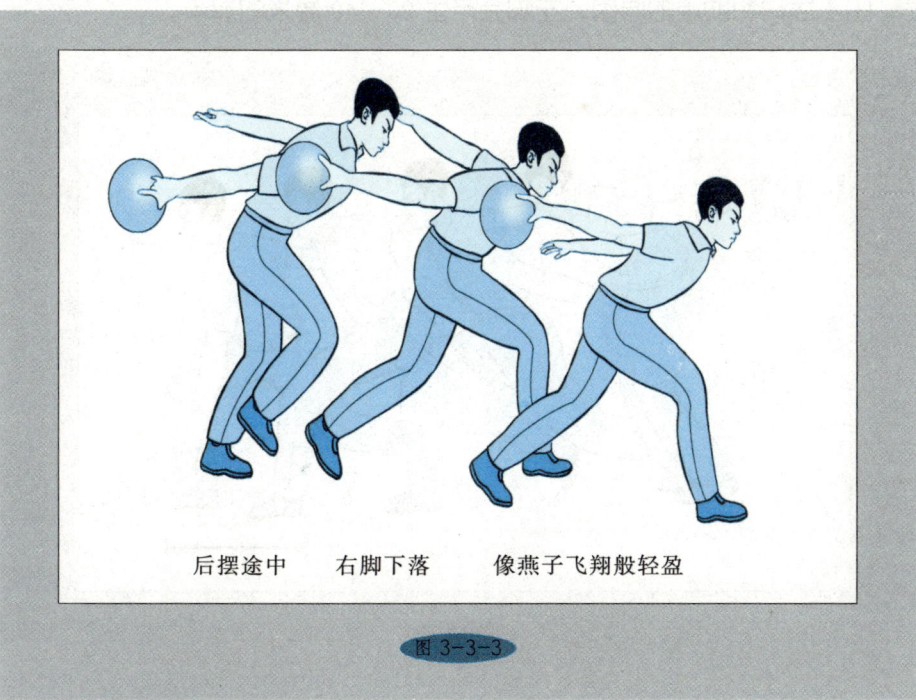

后摆途中　　　右脚下落　　　像燕子飞翔般轻盈

图 3-3-3

第四步——左脚

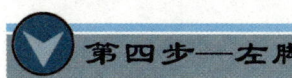 见图 3-3-4

（1）后摆到达最高的位置时，进入第四步，这时左脚顺势朝前迈出，右手持球迅速下落。

（2）在略有前倾的姿态下，左脚脚尖着地，开始进入滑步，右手持球下落到最低位。

（3）滑步徐徐前进，滑行 20～40 厘米，在出手线处将保龄球投出。

（4）滑步停止在犯规线前。保龄球出手后，右手自然顺势继续上扬，一直到高过头顶。两眼直视目标，身体重心完全移至左腿，右腿轻轻拖到身后，与左腿交叉。左手由身体左侧移至身体后方。

（5）在球下落到最低位的时候，左脚落地，身体重量全部移在左脚，右脚似空中浮动，不是往前迈，而是滑到身体的左后方。当体重全部移到左脚后，由于摆动和助走的原因，左脚会产生 20～40 厘米的滑步。

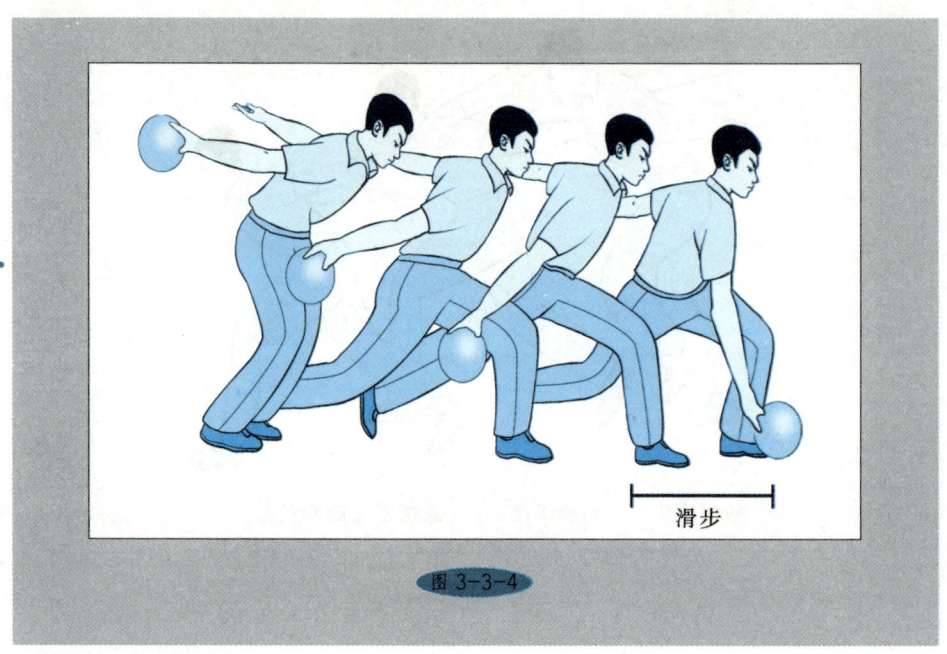

滑步

图 3-3-4

技术要点

后摆到达最高位置后，改向前回摆。在这一瞬间时，第四步左脚迈出。迈出时注意左膝略屈，这样有利于身体重心降低，有利于准确地出球，分落脚与滑步两个部分。

总之，四步助走要达到动作舒展、协调、节奏分明的要求，才能确保投出的球路准确，速度力量俱佳（见图 3-3-5）。

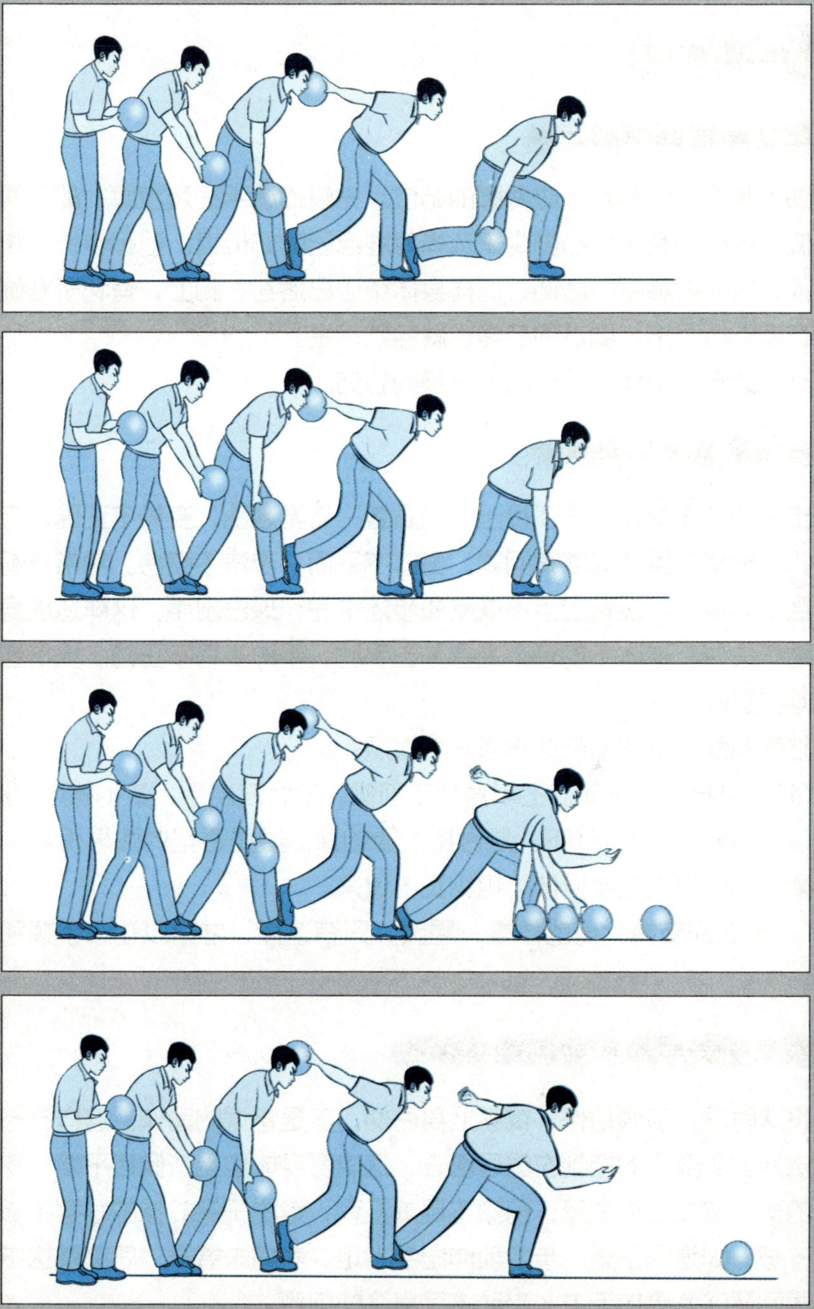

图 3-3-5

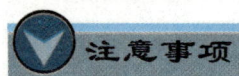

基本技术

注意助走动作的正确

助走时，要注意起步时两脚的站位。一般的选手在起步时，都是两脚平行站位。这样有利于用右脚尖来选择对准自己的站位点。但起步技术掌握不好的人，应将右脚略向后站，这样身体重心已落在左脚上，有利于准确轻盈地将右脚先行迈出。助走的节奏也就自然产生。

五步助走则要将先行迈出的左脚向后站。

杜绝混乱不堪的出手

出手的动作直接影响了投出球的质量，节奏混乱，姿势不正确，方向有偏差，主要是在摆动时就有问题，身体不平衡，步法不吻合。常常是滑步完了，摆动还没完，没有出手；或是滑步还未完，球已出手。这样造成身体横转，动作失调。球体不旋转，主要是出手时，手形姿势不正确。拇指翻的时针指向不正确。

杜绝混乱不堪的出手要注意 3 个重点：

(1)上半身是否前倾。上半身若不前倾，球会高出手，就不能产生滑步。

(2)右肩是否过于低下。是否持过重的球。腰是否呈内弧形歪着。身体不平衡，即使投入左手横伸，也纠正不过来。

(3)用左脚支撑全身的体重，屈膝，只有这样，才可以让右手顺利地投出球。

注意出手时前倾动作的正确性

投球时没有前倾动作，或者上身后仰，这是错误的动作。这样，右脚根本无法拖到后身，即拖到左腿后部去，这使得身体也无法保持平衡，不能投出好的球。按顺位来推理，前倾不足或没有，是由于保龄球的后摆不够。而后摆不够，则是由于第一步的前伸出手不足。前荡未展开，后荡就达不到高度，再回摆就会更加无力，带动不了身体的前倾。

前荡不足的原因主要有两条。

（1）由于选择的保龄球太重，根本引不起摆动。

（2）胳膊呈L形状，不是直线，这样将使摆动的力量减半。

注意球出手后不要使球偏离所定的方向

有时一切动作很顺利、很协调，身体的平衡感也很正确。但就是出手后，球轨偏离预定的路线，打不到预定的目标。这里出手的手形固然有一些影响，但主要是后摆不正确所造成。投保龄球跟射击一样，是三点一线的直线瞄准。这个瞄准过程的实施，并不是由第三步，即保龄球从身后的最高点往前运动时才开始。而是在第二步，即保龄由身前往后运动就开始了。后摆时，若不沿着这条无形的线来进行，往前回摆时，就必然会偏离所预定的方向。后摆时偏向身体的内侧，出手时必然偏向相反的右侧；后摆时偏向身体的外侧，出手时必然偏向相反的左侧。这里还要指出，第二步后摆时方向不正，还和第一步前伸有重要关系。

注意助走和摆动协调配合

一步前伸，二步下落，三步后摆，四步再前伸，出手。要注意助走和摆动协调配合。步法讲究速度快、慢，步幅大、小和脚尖、脚跟三个方面。

第一步：速度慢，步幅小，脚跟先着地。

第二步：速度慢，步幅小，脚跟先着地。

第三步：速度渐快，步幅加大，脚跟先着地。

第四步：速度快，步幅大，脚尖先着地。

滑步，出手，收势。摆动中考虑协调，最重要的是要做到自然，不要实施外来的加力。伸、落、扬、出各个动作都要顺其自然。

滑步

选手要明白，滑步是必须使用的，它能保护膝盖。重球在助走与摆动中，带动身体产生了强大的动力。在这种动态下突然地停止，冲击力就会撞击膝盖，损伤膝关节。突然的停止，也会造成身体的不平衡、不协调，会丧失控制保龄球的能力。

动作方法 见图 3-3-6

以四步助走投球法为例，滑步投球是从迈出第四步的左脚和右脚相错而过的一刹那开始的，此时左膝弯曲，身体重心置于脚尖，随即移到脚中心，最后过渡到脚跟着地，刹住脚，滑步停止。

技术要点

滑步在第四步左脚尖落地后开始，到犯规线前结束。滑步时右手持球已到最低位置，保持此姿势一瞬间，以最稳定的状态，进行出手投球。

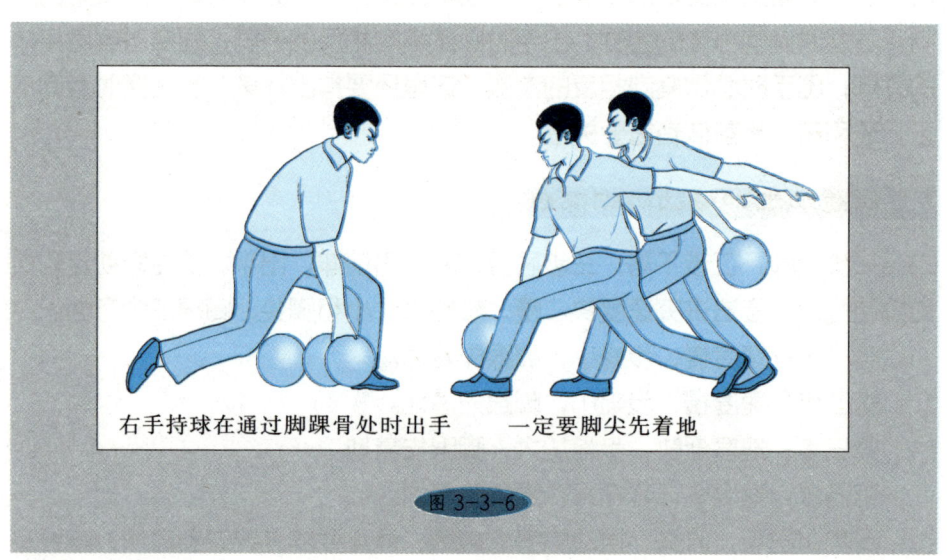

右手持球在通过脚踝骨处时出手　　　一定要脚尖先着地

图 3-3-6

动作方法 见图 3-3-7

（1）保龄球在出手线前的 5 厘米处出手最为适宜。球在犯规线后约 15 厘米处落地，此时身体重心降到最低位。球不是用手腕，而是用腰、肩及全身的力气顺势投出。

（2）出手时，是拇指先离球，然后是中指、无名指同时离球。在三指同时离球的瞬间，手腕做旋转动作。

步法正确，不自己绊自己的脚。后摆正确，屈左膝关节，右手低位托送保龄球，滑步前进。在保龄球送到出手线前时，同时保龄球到左脚裸骨处时，球出手。出手时根据不同投法，运用不同的翻腕动作。

右肩不可过低，影响平衡

左手维持平衡

膝关节充分弯曲

脚尖正对目标

图 3-3-7

助走

 收势

动作方法 见图 3-3-8

(1)球出手后，手腕顺势自然向上伸延，过头部停止。

(2)好的收势表现在身体重心完全移到左腿，左腿略屈，两眼直视滚动的保龄球奔向目标。

(3)右脚移至身体后方，轻轻地交叉在左腿后，左手在身体的另一侧，扬起偏向身后，用以维持平衡。上身稳定地挺立站住，右手高扬过头，呈敬礼状。

技术要点

收势绝不是可有可无的，而且必须做得完美。球出手后，手腕顺势自然向上伸延，过头部停止。左手在身体的另一侧，扬起偏向身后。收势是否完整，代表着投球动作是否正确。

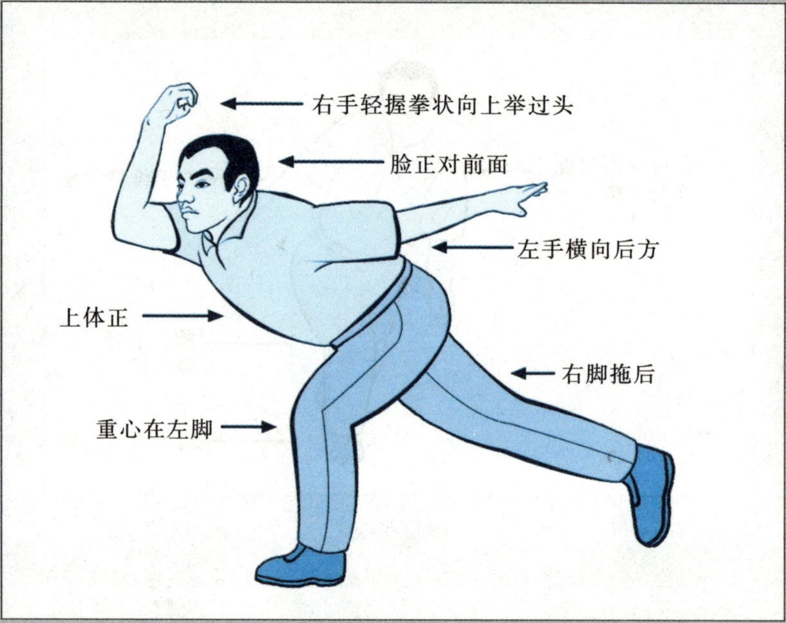

右手轻握拳状向上举过头

脸正对前面

左手横向后方

上体正

右脚拖后

重心在左脚

图 3-3-8

五步助走投球法 ▶▶▶

五步助走投球法是四步助走投球法的延伸，它比四步助走更加稳健，实质上还是四步助走投球法，多出的 1 步为一个预备动作，它有以下两种形式：

(1)站立，右手握球，左手助握，先把身体重心移至右脚，然后左脚迈出1小步，手臂动作保持不变。预备动作结束，开始做4步投球。

（2）站立，右手握球，左手助握，将身体重心移至右脚，双手同时把球向前推出，左脚迈出1小步，双手把球拉回到起始位置，然后开始做四步助走投球法。

五步助走投球法的动作方法与技术要点同四步助走投球法（见图3-3-9）。

五步助走投球法为绝大多数优秀球员采用，因为它利于放松和稳定情绪，减少失误。

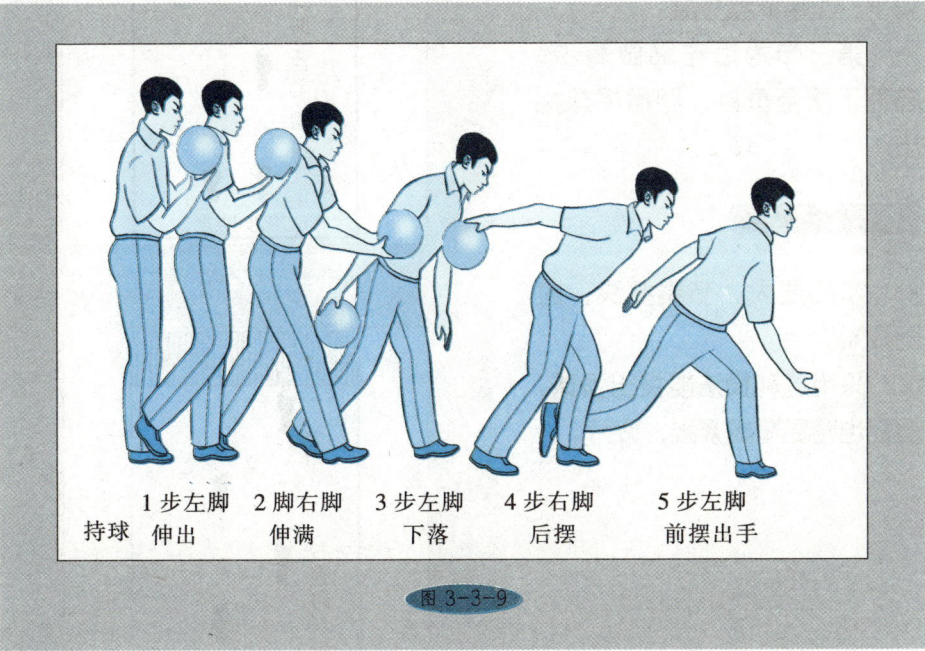

持球　　1步左脚　2脚右脚　3步左脚　4步右脚　5步左脚
　　　　伸出　　伸满　　下落　　后摆　　前摆出手

图 3-3-9

 **三步助走投球法**

三步助走投球法可以说是以四步助走投球法的第一步结束时姿势为起始动作。

动作方法 见图 3-3-10

第一步先把身体重心移至右脚，双手把球朝前下方推出至手臂伸直，然后迈左脚，同时右手握球下摆至垂直位置，左手离球外展。

第二步为右臂垂直后摆与肩平，左手继续外展。

第三步为迈左脚做滑步，右臂下摆至垂直，回摆将球抽出。

技术要点

步幅要大，节奏要快，时间要短。

采用这种投法能投出强球，但它也容易造成紧张、疲劳。

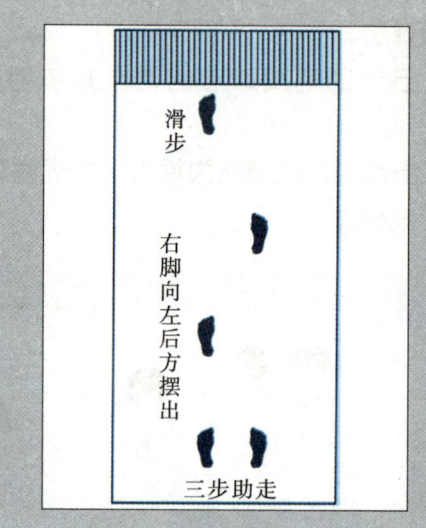

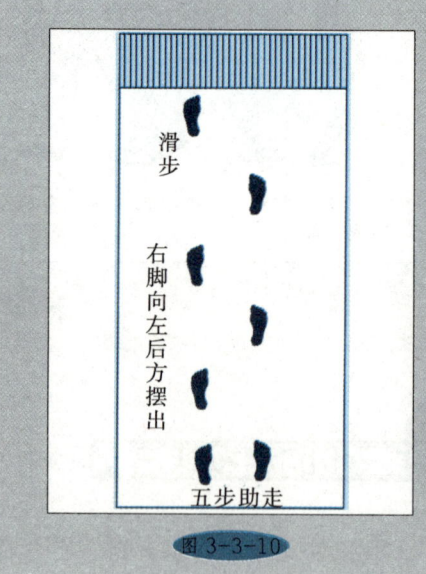

图 3-3-10

摆动与助走的关系

利用手臂摆动，可轻松地投出球，但有威力的投球，必须在摆动中加入助走。保龄球就需要摆动和助走的完美结合。

摆 动

 动作方法 见图 3-3-11

投保龄球的过程，是一个渐渐加快的摆动过程。摆动是物理学的专用名词。它的定义是：一个重物，由线或绳系在一个固定的支点上，被一定的力所推动，由此而产生的往复巡回运动。在投保龄球的过程中，肩是固定的支点，手臂是绳，保龄球是重物。持球起步后，球向前伸，然后自然落下，摆动就开始形成。到达身体后方一定的高度，摆动失去了动力，就自然改变方向，而改向前方回摆。在再次到达前方时，保龄球在低位出手线处与手臂脱离，依靠摆动所给予的动力，向目标保龄瓶迅速滚动。所以投保龄球最重要的是顺其自然，协调有节奏。而不是加力发力，快滚猛撞。

技术要点

持球起步后，球向前伸，然后自然落下，到达身体后方一定的高度，改向前方回摆。在再次到达前方时，保龄球在低位出手线处与手臂脱离，依靠摆动所给予的动力，向目标保龄瓶迅速滚动。摆动顺其自然，协调有节奏。

助
走

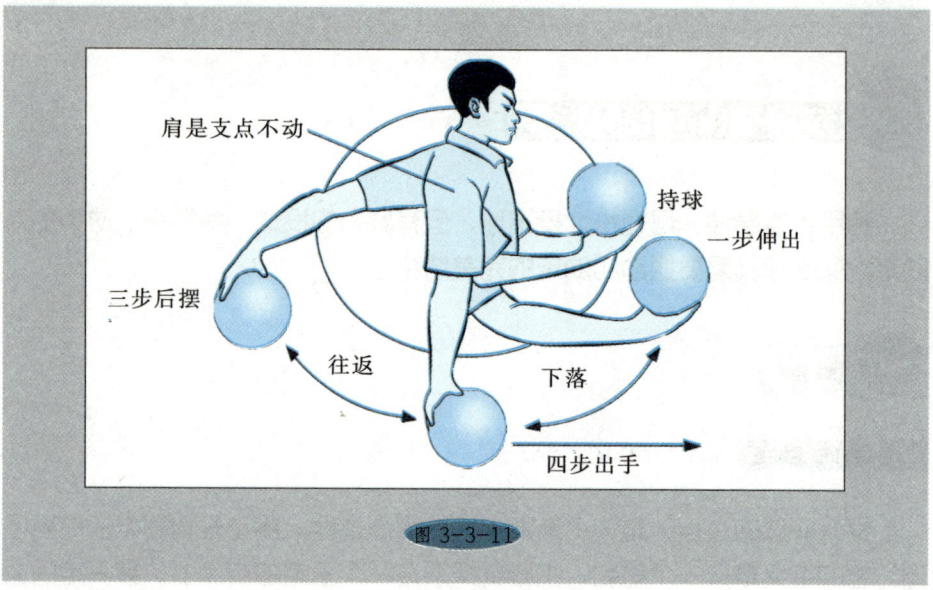

肩是支点不动

持球

一步伸出

三步后摆

往返

下落

四步出手

图 3-3-11

 助走

助走的步法与平常走路一样,只不过是在整个球道上进行。

行进的速度不宜过快,较短的跨步距离使身体很容易维持平衡,初学者以四步助走方式比较合适。

 摆动与助走的关系

胳膊再有劲,也不如向前迈几步,由助走产生的威力大。投保龄球讲究的是顺势而动。顺势就是不要任何的外力,任何的加力。直线投球是顺势而出(高级投法除外,要手腕加力)。看优秀选手投保龄球是一种视觉上的享受,他们就像一匹骏马,悄然起步加速,又骤然昂首停止,步幅在开始时由小步到大步,摆动也是由慢速到快速。助走与摆动息息相关,相互影响,协调进行。

第四节
打法

　　保龄球比赛以局为单位,六局定胜负。一局 10 轮,每轮有两次投球机会, 打保龄球时最理想的投球是一次将竖瓶区的 10 个保龄瓶全部击倒形成全中,就不用进行第二次投球,如果第一次不能将 10 个保龄瓶击倒,可以进行第二次补投,两次投球击倒保龄瓶的总数为本轮得分。无论是全中还是补中,都具有同样的重要性。

全中的打法

　　保龄球比赛的最大魅力,在于首次投球就将 10 个瓶全部击中。实际上,10 个保龄瓶中,保龄球最多击倒 4 个瓶,其余全是由于连锁反应被击倒的。如何引起保龄瓶的连锁反应,是打好全中的关键问题。

 保龄瓶倾倒的顺序　　见图 3-4-1

　　无论是何种投法,由正面正中击中①号瓶,都难以打出全中的好球。最佳的连锁反应,是保龄球由球道的第 18 块板进入保龄瓶群,先击中①号保龄瓶的右侧,再撞击③号保龄瓶的左侧,然后保龄球向左拐,碰倒⑤号保龄瓶,最后球的余力碰倒⑨号保龄瓶。

　　保龄球本身仅击倒 4 个保

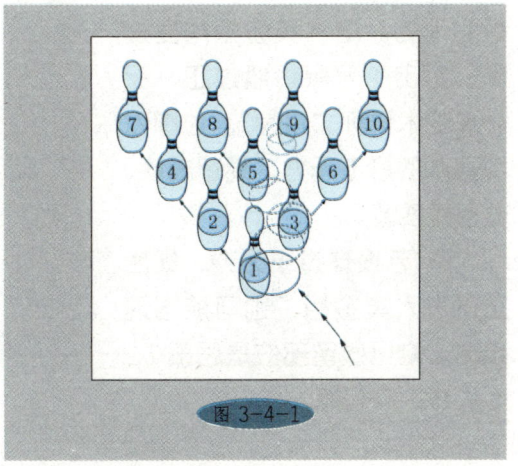

图 3-4-1

龄瓶。

①号保龄瓶被击中右侧后,向左侧滚倒。同时撞倒②、④、⑦号保龄瓶。这样由①号瓶的滚倒,带倒了3个保龄瓶。

③号保龄瓶被击中左侧后,向右侧滚倒。同时撞倒⑥、⑩号保龄瓶。这样由③号瓶的滚倒,带倒了2个保龄瓶。

⑤号保龄瓶被击中右侧后,向左后方滚倒,同时撞倒⑧号保龄瓶。由⑤号瓶的滚倒,带倒了1个保龄瓶。

 1～3号瓶黄金档 见图3-4-2

(1)保龄瓶的滚倒关系对分析残留瓶的形成,非常重要。

(2)进入①～③号瓶黄金档角度过浅,太偏向①号保龄瓶的右侧,保龄球的术语称"过薄",易造成④、⑦、⑩号瓶残留。④、⑦号瓶残留的原因是:①号瓶右侧受打击得"太薄",后倒无力。⑩号瓶残留的原因是:③号瓶过于正面受打击,横转无力。进入黄金档角度过深,打击①号保龄瓶过正,保龄球的术语称"过厚"。过厚对③号瓶的打击无力,易造成⑥、⑩号瓶残留。

(3)若投球过于无力,即使正确进入黄金档,也可能出现残瓶。常见残留部位是后部⑦、⑧、⑨、⑩号瓶。

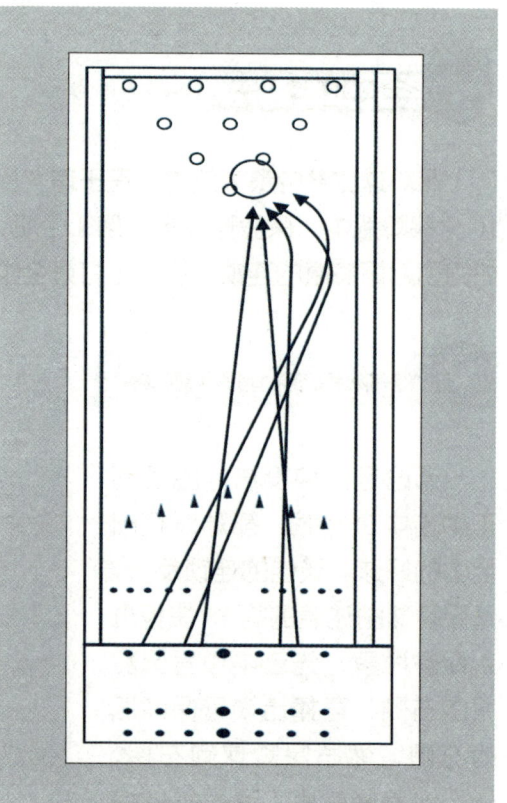

（4）以上是曲线球和弧线球的全中打法。飞碟式打法就有所不同，飞碟式打法往往更靠近①号瓶，在19块板处入档，选择球也轻，助走席起步的位置也更加靠中间。飞碟式投法，是一种和传统保龄球投法截然不同的投法。它常见的残留瓶也与众不同，是⑤号瓶和⑧号瓶。这是由于飞碟式投法投出的球旋转性最大。正由于旋转性太大，而易造成保龄瓶的横飞过大，以至造成中央瓶的残留。

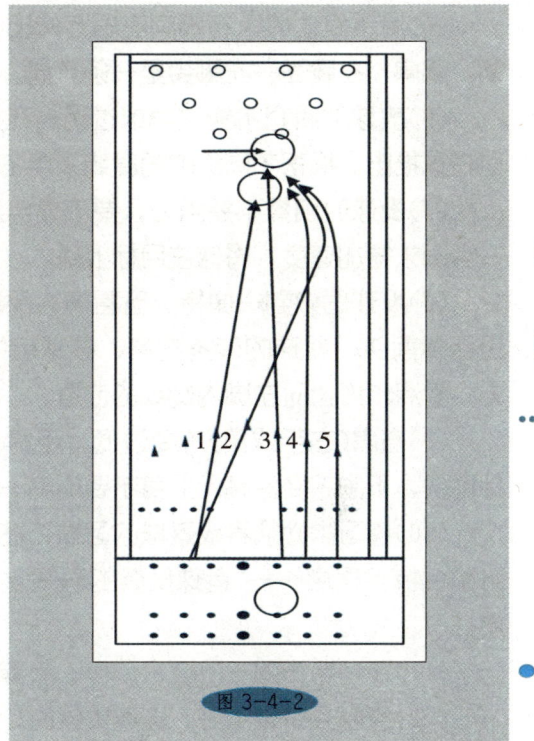

图 3-4-2

 投全中球的注意要点

（1）选择最佳角度线，确定站立位置。决定站立位置的基准线和球员的脚有关。直脚（右手球员）以左脚内侧线为准，内八字脚以左脚前部内侧线为准，外八字脚以左脚跟内侧线为准。

（2）站立后应面向目标，双肩和犯规线平行（或在意念上与犯规线平行），姿势自然。不少人在助跑和滑步终止时会有一定的偏离倾向性，这种倾向性属于自身因素，在确定站立位置时必须将这个自身因素计算在内。

（3）在正确的位置上站好后，球员投球前在心理上和情绪上必须进行自我调节。调节的方法为集中－放松－集中－深呼吸－起步。

（4）为了确保身体平衡和步幅自然，1、2、3步的幅度和节奏要一致。手脚配合应高度协调，左手向外侧展出，要有推墙之感。

（5）滑步终止时，右脚向左后方伸出，脚尖作为一个支点保持好身体平衡。双肩、左膝盖、左脚尖呈一条直线。

（6）放球的瞬间不能过早或过晚。在握球的右手离左膝盖150厘米左右时将球推出。根据不同组的角度线采用不同的落球距离。

（7）投球时前臂不要用力，要依靠自然摆动的惯性力。在滑步停止时的一瞬间求得加速度，将球往目标上送。

（8）投球后做到一保持、五看清：保持投球姿势；看球的落点、看球通过目标箭头、看球的转拆拐弯、看球击中①－③瓶袋和球进入瓶台的作用力、看滑步终止时左脚内侧线的位置。

（9）右肩（右手球员）不要过低，手臂不要挥向内侧或外侧，手指指向目标箭头，下颌不要抬高，上身不要侧向一边。

（10）练习中必须养成这样的习惯：在脑子里编排出一个以时间为准的手脚配合技术程序——"运球摆臂的时间＝助跑的时间"，并默念这个技术程序。

（11）要有始终如一的技术动作、节奏和幅度。

（12）当自我感觉不好、连连失误时，应及时找教练指导，设法纠正错误动作或改变角度线。

补中的打法

（1）打好全中，是投保龄球最初的任务。但是即使在职业队员的比赛中，全中的成功率也达不到50％。补中，是在第二次投球中打倒各种形态残留瓶的简称。残留瓶的出现是经常的，即使是球完全正确地进入黄金档，也有1/5的可能性产生残留瓶。从这个意义上来讲，练习好打补中，比练习好打全中还重要。

（2）残留瓶第一类型是⑩号瓶单瓶，占18％。第二类型是⑦号瓶单瓶，占8％。由此可见，人们还是在主观意识上重瞄准①号瓶而不是①～③号瓶的黄金档。故左残留瓶少于右残留瓶。

（3）单残留瓶的百分比约占40％左右，次之是双瓶残留类、三瓶残留类、多瓶残留类。

补中比全中难打，这是保龄球界内公认的。全中有时还可让初学者凑巧打上。而打一些难打的补中，凑巧可实在是不可能。

残留瓶 见图 3-4-3

根据统计数字计算，残留瓶可达到 1023 种类型，常出现的有 200 种类型之多。其中有名的⑦、⑩号瓶残留型，②、⑧、⑩号瓶残留型，补中概率都是近乎于 0 的。

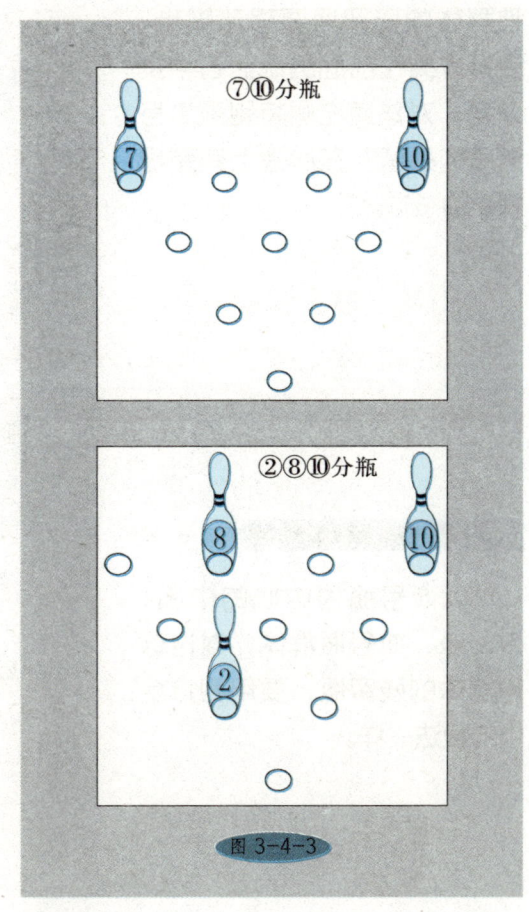

⑦⑩分瓶

②⑧⑩分瓶

图 3-4-3

残留瓶的分类

残留瓶的形态可谓千姿百态，残留个数不同，分布也不同。每种类型都

需要进行击打角度、球轨路线、连带关系等的计算。残留瓶的种类基本上分成：左侧残留瓶群体、中部残留瓶群体、右侧残留瓶群体三大类。

左残留瓶群体 见图 3-4-4

以⑦号瓶为中心的左侧，②、④、⑦号瓶群体。消灭这种群体的残留瓶要移动脚步，要打排列在前面的瓶。右手投球者，对球道左侧特别是⑦号单瓶的残留，在心理上有别扭棘手的感觉。

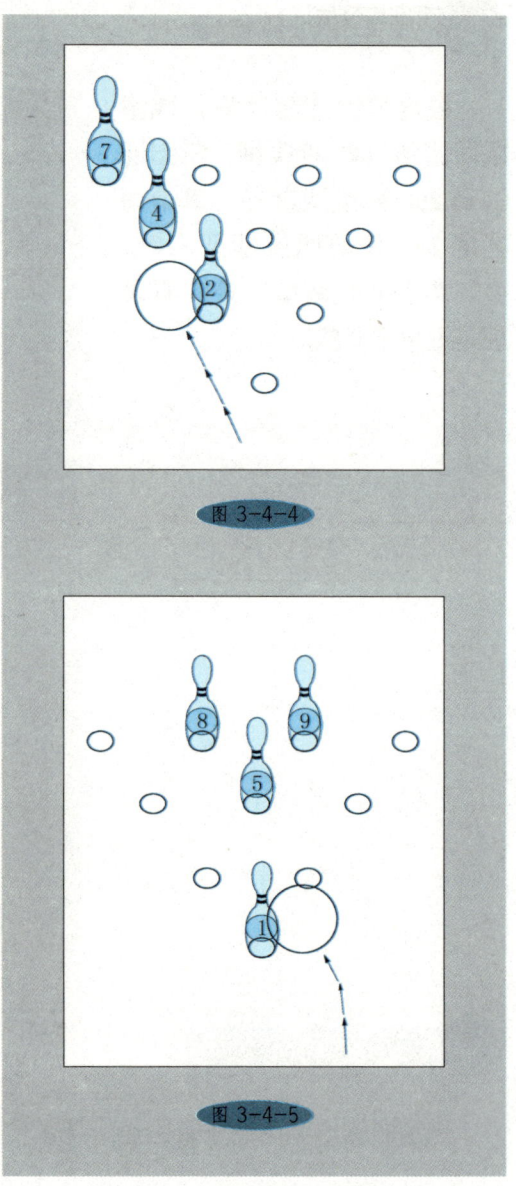

图 3-4-4

中部残留瓶群体 见图 3-4-5

以⑤号瓶为中心的中部，⑤、⑧、⑨号瓶群体，对付这种群体的残留瓶，要用和打全中的投法一样。

图 3-4-5

右侧残留瓶群体 见图 3-4-6

以⑩号瓶为中心的右侧，③、⑥、⑩号瓶群体，对付这种群体的残留瓶，打弧线球的人要将起步位置移到助走线的最左边。

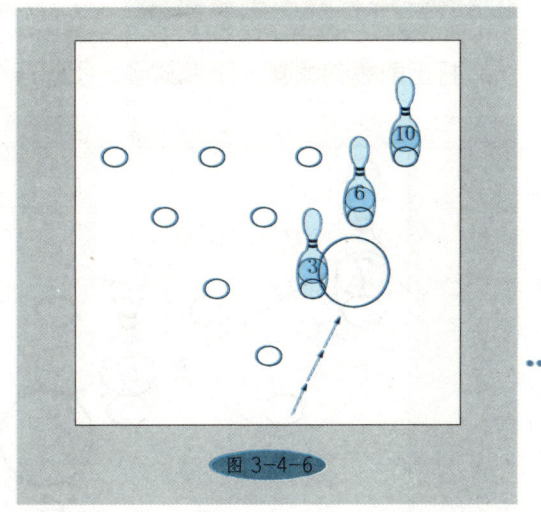

图 3-4-6

选好首击瓶

残留瓶在数个时，必须先选首击瓶，这个瓶肯定是排列在最前面的保龄瓶，是打好补中的关键，以击打首击瓶为目标，连动击倒其他剩余瓶。

直行排列的两个残留瓶 见图 3-4-7

如②、⑧号瓶残留，③、⑨号瓶残留。要直向打击前瓶的正面，使其直向后倒引起连带。若打到了前瓶的侧面，就会使保龄球与前球瓶左右分离，而刚好让保龄瓶漏掉。

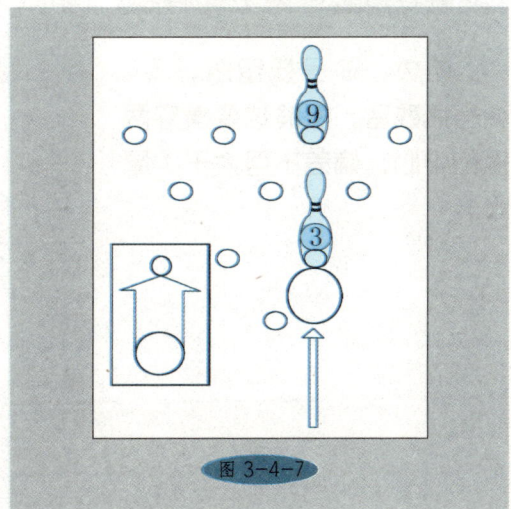

图 3-4-7

🌸 斜行排列的两个残留瓶　见图 3-4-8

打击前瓶的侧面，使其斜倒，引起连带。

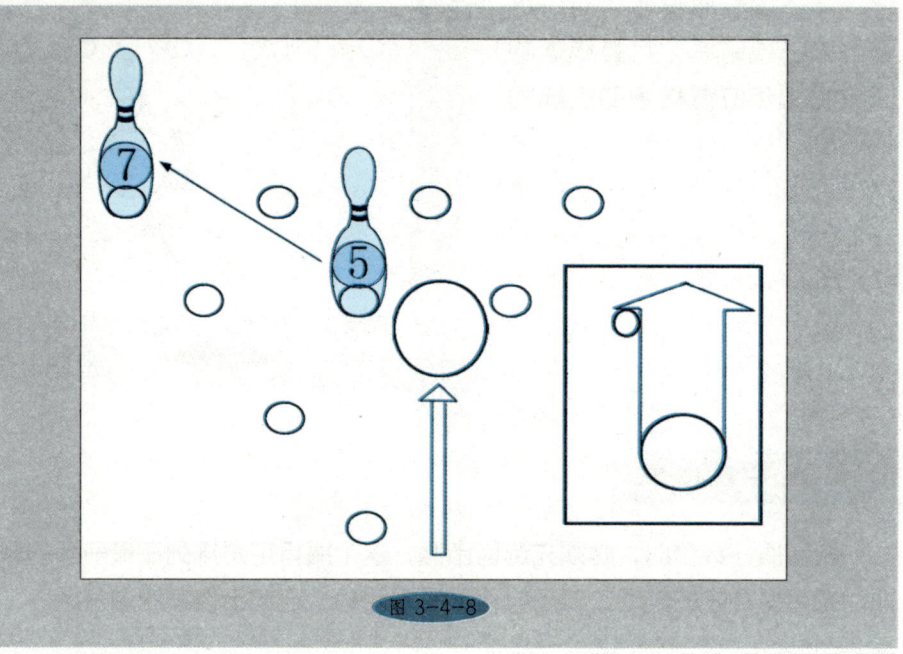

图 3-4-8

🌸 并行排列的两个残留瓶　见图 3-4-9

　　如⑦、⑧号残留瓶，⑤、⑥号瓶残留，保龄球要横穿两瓶的中心，偏差不可大于１厘米。

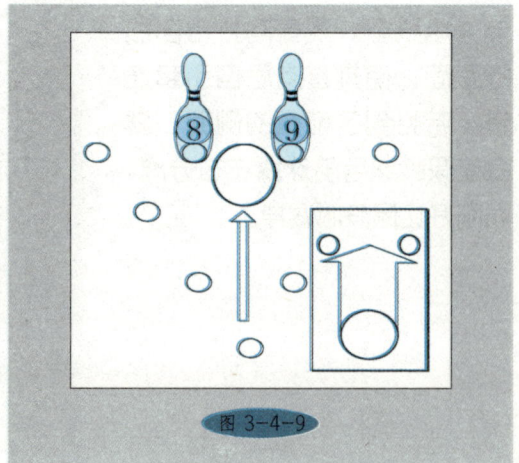

图 3-4-9

补中的要点

即便是高水平的球员，也不可能每次投球都全中，对于初学者和一般水平的球员，没有全中留下球瓶的次数会更多，必须要再投球补中。因此，投好补中球与投好全中球同样重要。二次投球是否能顺利的将剩下的球瓶全部击倒，完全取决于技术的好坏。

投全中球的若干技术原则，同样适用于投补中球。

每一组补中瓶都有一个关键瓶，一个最佳撞击点。有时在击倒某一组补中瓶时，还可能有两种或两种以上的方法。

击倒一组补中瓶有一个最合适的角度，一般规律是左侧补中瓶从助走道右侧投球，右侧的补中瓶从助走道左侧投球，中间的补中瓶从助走道中间投球。采用适应的角度将球投向关键瓶上的正确撞击点，就能获得补中。

如果一个补中瓶组中有两个以上的保龄瓶，球员应估计球和瓶撞击以后所发生的偏离，并在进行投球调整时，将这种偏离因素考虑在内。

有时补中球击倒了前面的球瓶，而后面或旁边的球瓶并未倒，这种现象称为"切瓶"。投球时应注意正确调整，尽量避免"切瓶"。

球速的快慢直接影响着球瓶与球撞击后的偏离和球瓶被撞击所起的连锁反应。在通常情况下，球速以相对稳定为好。但遇到某些特殊的补中球时，球速也可能做增加或减少的调整。

分瓶是一类特殊的补中瓶，共有 98 种可能的分瓶情况。有些分瓶能补中，而对于不能补中的分瓶，以击倒瓶数多为原则。

投补中球时，同样可以采用点保龄或线保龄的投球瞄准法，掌握 7 种决定球和关键瓶接触角度的基本站位，随时根据球道情况进行调整利用。

在 249 种易碰到的补中瓶组中，有 20％可用全中球打法击倒。凡 5 个球瓶以上的补中瓶组，几乎全部可以用全中球打法击倒。

投补中球，技术要求高，要注意综合考虑各方面因素，并在练习中反复磨练，形成正确的动作定型。

 全中球路　见图 3-4-10

所谓全中球路，就是指投球手几经练习过的使瓶全倒的球路。保龄球一场共有 10 局，每一局最少要打 10 次。

这一球路不仅仅是全中球路，也是命中⑤号瓶的球路。⑤号瓶位处正三角形的中央位置，也被称为瞄准全倒球路的关键瓶。因此这一球路也被称为关键瓶球路。

球直接击中的是①、③、⑤、⑨号四只瓶。

即便不能全部击倒，只要球能进入①与③号瓶的中间就可以。

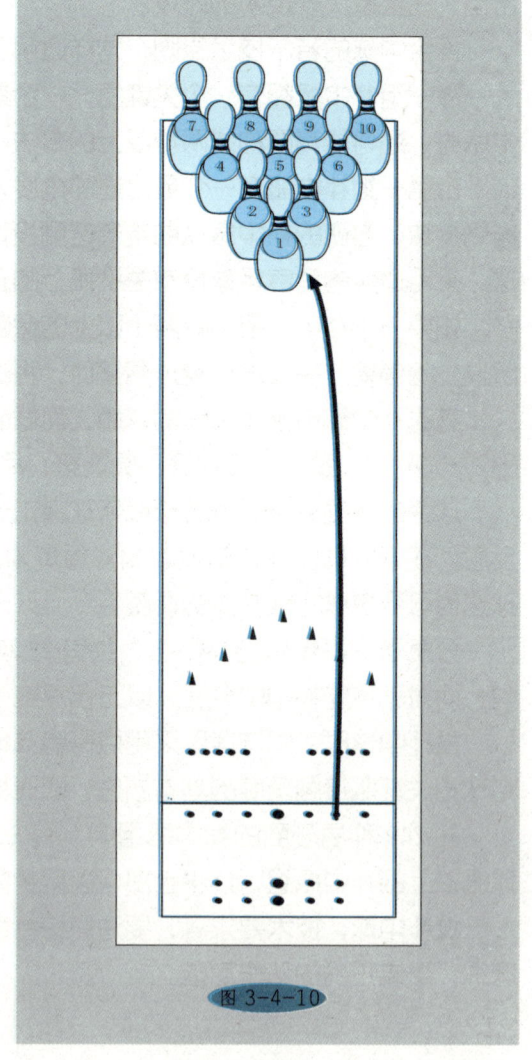

图 3-4-10

布鲁克林球路  见图 3-4-11

这个球路作为全倒球路命中率较低，是击倒左侧残留瓶的球路，更是直接击中⑧号瓶的球路。

起步位置从一号准星箭头移动到全中球路的起步位置起向右边数 5 块木板（即一个准星箭头的位置⑦）。

瞄准位置不变，仍是第二个箭头。从助走道向第 2 个准星箭头直行，因针对犯规线来说就不行，而是斜行了。视线不要偏离第 2 个准星箭头位置。

站立位置向右移动，但瞄准目标仍是 2 号准星箭头。

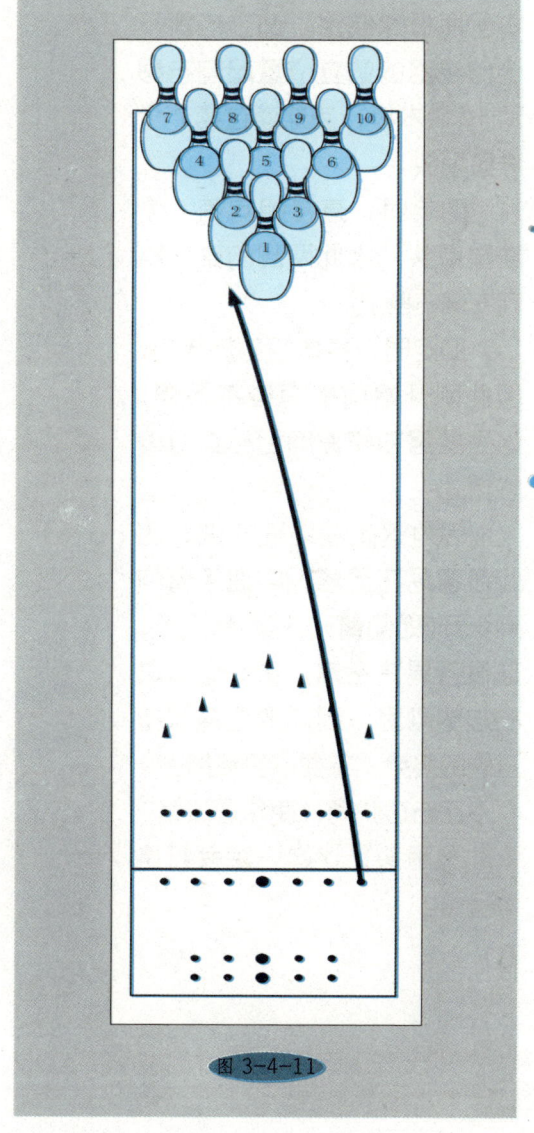

打法

图 3-4-11

⑦号瓶线路 见图 3-4-12

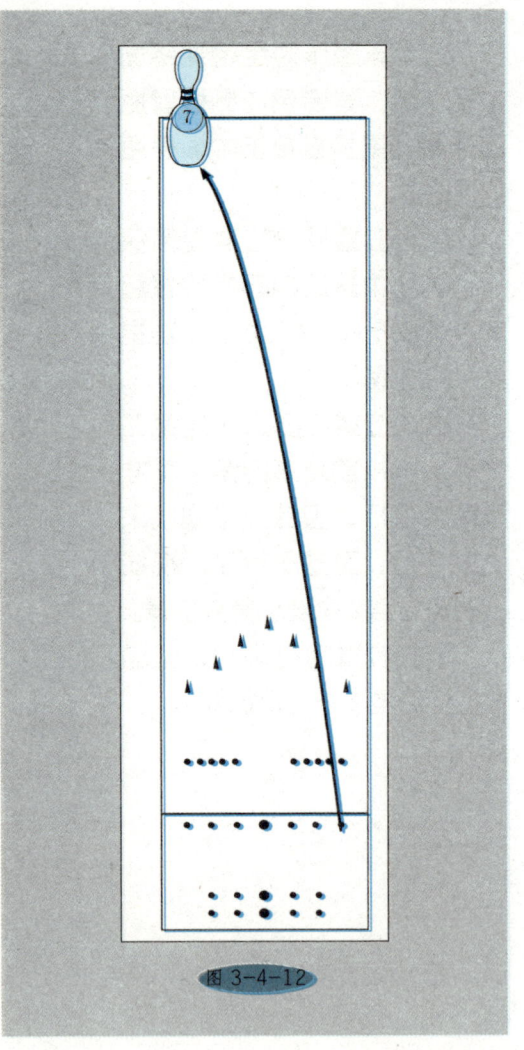

这是一条瞄准最靠左边的⑦号瓶投球线路。站立位置从全倒线路的站立位置起向右移动 10 块木板，使球通过第 2 个准星箭头。

助走时，直接朝向第 2 个准星箭头，因此两脚的趾头略向左偏一些。

助走时，身体与犯规线行，因此刚开始可能有些不习惯，这时要努力掌握向目标直行的感觉。

因为这是在瞄准左端，因此很容易在无意识中把手臂向外张开（即侧臂），这种情况下，球很容易往左偏，致使球掉进左边的沟里，因此要注意保持正确的姿势，不要改变姿势。

在右边脱离，使球通过第 2 个准星箭头，这样一定会打倒⑦号瓶。

图 3-4-12

⑨号瓶线路 见图 3-4-13

残留瓶在右侧时,应采用这种投球法,即直击⑨号瓶。

从全中球路的起步位置向左移动 5 块木板即可。目标仍然保持是第 2 个准星箭头。

球离手的位置是右边数第 15 块木板,瞄准的是瓶区第 10 块木板,因此,要使两脚对准目标进行球的摆动。

采用这个球路助走时,身体斜向木板纹,起初可能也有些不习惯,但只要注意保持身体正确的姿势投球就可以了。

身体的朝向从左侧转到右侧进行投球,这一变化对手臂的摆动方向有一定影响,投球时可能出现手臂从左侧转向右侧的倾向,要注意摆动时,球的轨迹和手臂的摆动要朝向第 2 个准星箭头。

在第 5 块木板上出手,使球通过第 2 个准星箭头,就能击中⑨号瓶。

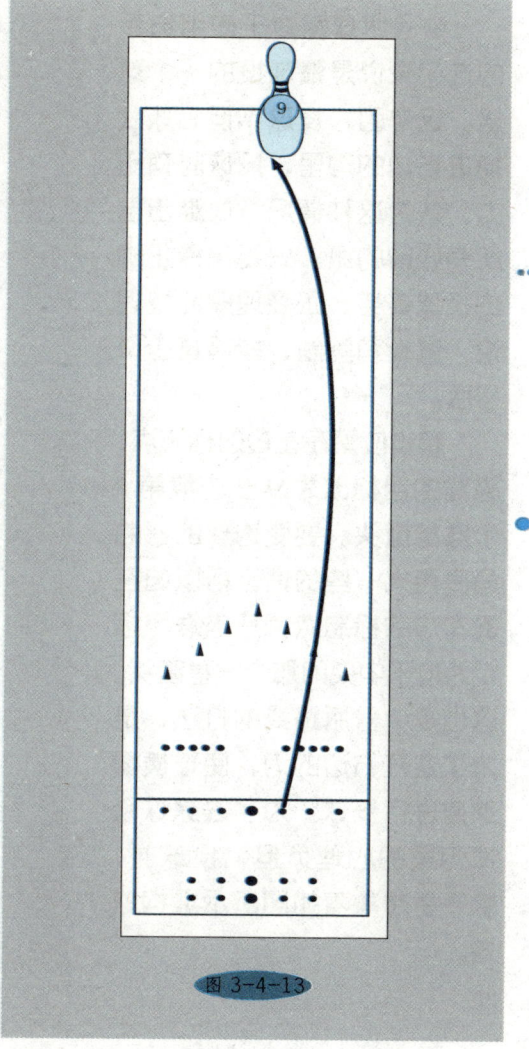

图 3-4-13

打法

⑩号瓶线路　见图 3-4-14

　　⑩号瓶球路对于使用右手的选手来说是最难投的一个球路。这是因为投球手担心球会掉进右边的沟里，投球时有压力，认为这种情况下很难击倒所有残留的瓶。只要保持正确的投球姿势，正确理解准星理论，就没有问题，能够直击⑩号瓶。

　　起步位置在左边的标志点，瞄准的目标改为从右边数第3个准星箭头。要使钩球的弯曲角度再大一些的话，可以站在最左边的标志点，把瞄准目标定为位于中央的那个准星箭头。这也是⑦号瓶路线的打法，是为了避开右边的沟，使球横切球道进行投球。为了去除球会掉沟里的心理负担，投球时，脑子里想象着如图所示虚构球道。

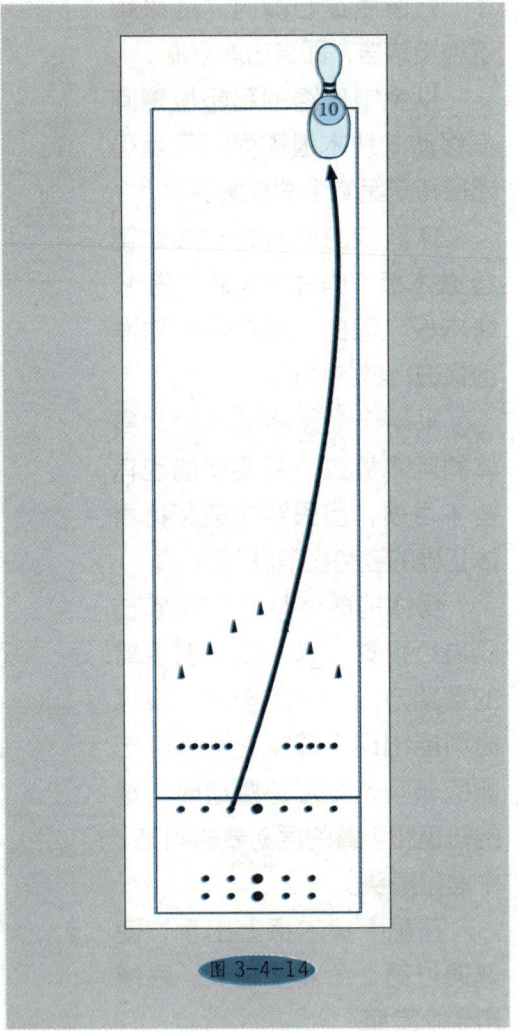

图 3-4-14

 **补中瓶组分类** 见图 3-4-15

有 249 种易碰到的补中瓶情况，它们可以被归纳成若干个组。凡属同一组的补中瓶，从相同站位击中关键瓶的相同部位，即能补中。所以，了解了一组中一种补中瓶的打法，就能掌握这组所有补中瓶的打法。

如果把这些补中瓶组进行分类，每一类采用一种相应的打法，就可以达到事半功倍的效果。

左侧补中瓶组一类可归纳为①-②、①-②-④、①-②-④-⑦、①-②-⑧、①-②-④-⑦-⑧等。在这些瓶组中的击倒技术原则是，只要能击倒①-②瓶组，就也能击倒其他瓶组，因为它们的站位和撞击点都是相同的。

右侧补中瓶组一类可归纳为①-③、①-③-⑥、①-③-⑥-⑩、①-③-⑨、①-③-⑥-⑨-⑩等等。右侧补中瓶组的击倒技术原则与左侧补中瓶组相同。

这种补中瓶组的分类法可以使球员集中注意力思考，找出关键瓶和站立位置相同的那些瓶组。但应注意，在同一类的若干瓶组中，从一种变换到另一种，仍需要略加调整。

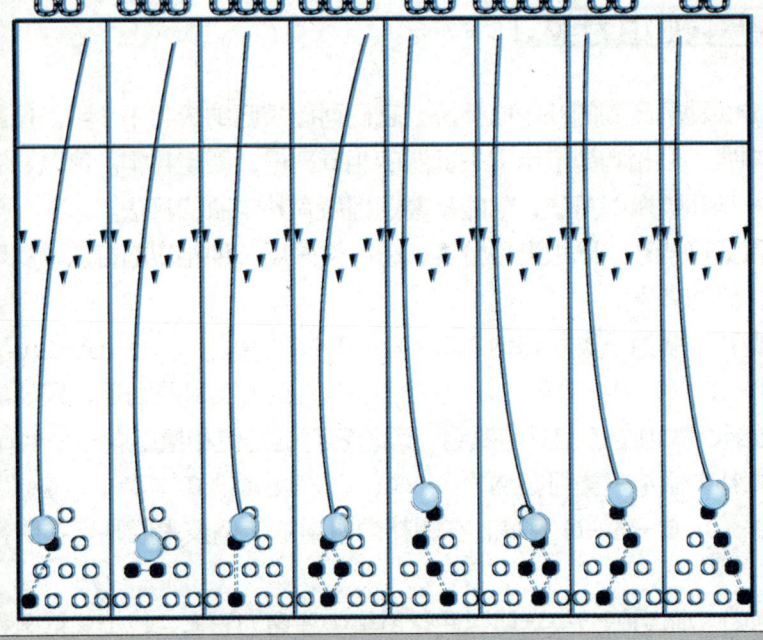

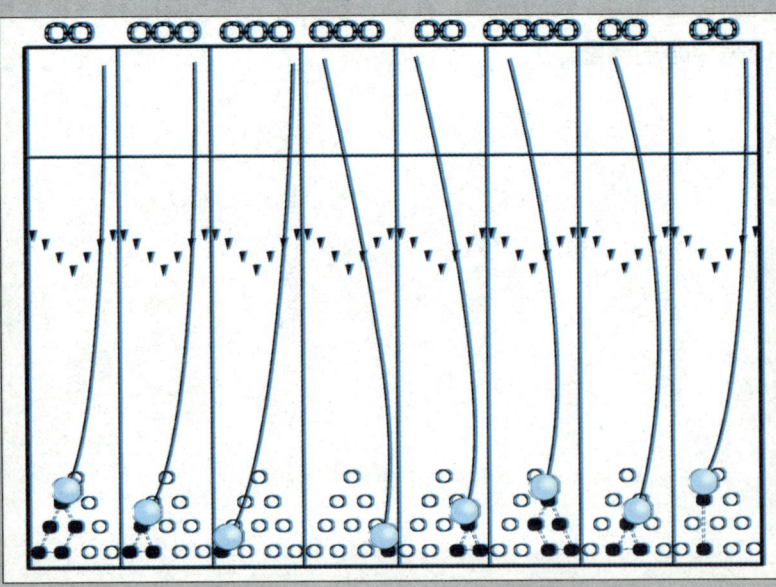

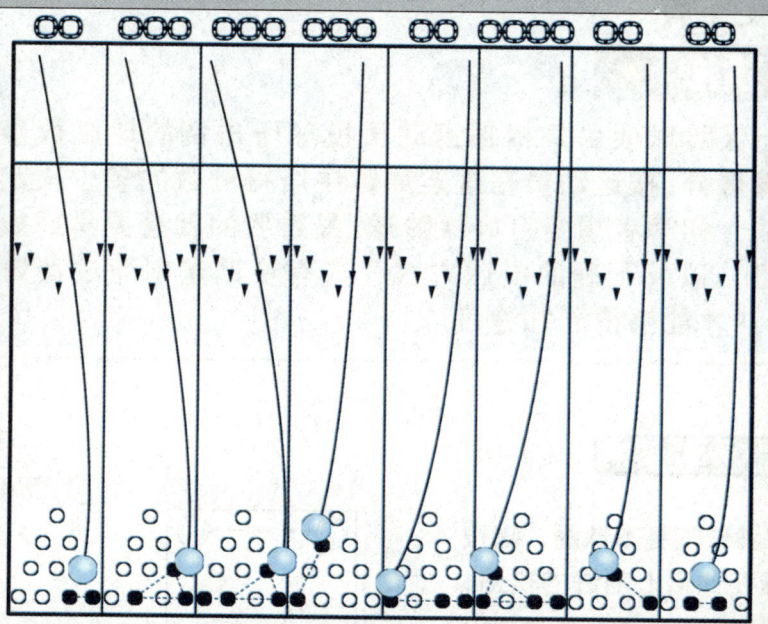

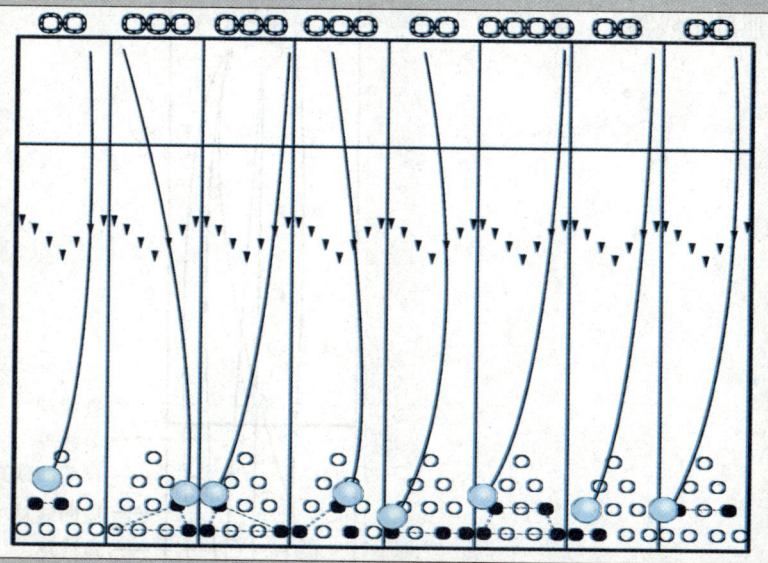

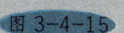

图 3-4-15

第五节

投法

　　保龄球项目是根据运动员投球所击倒的球瓶数量来计算得分,按运动员在规定局数中所得分数的多少决定胜负的。初学者想要打好保龄球,最重要的就是要学好如何助走,以及正确的出球方式,只有在助走中通过摆臂运球,球才能够得到加速度。

 见图 3-5-1

　　保龄球的基本球路,指投球后球在球道上前进的轨迹,我们在这里讲的通常是说可以全中的那几个线路。

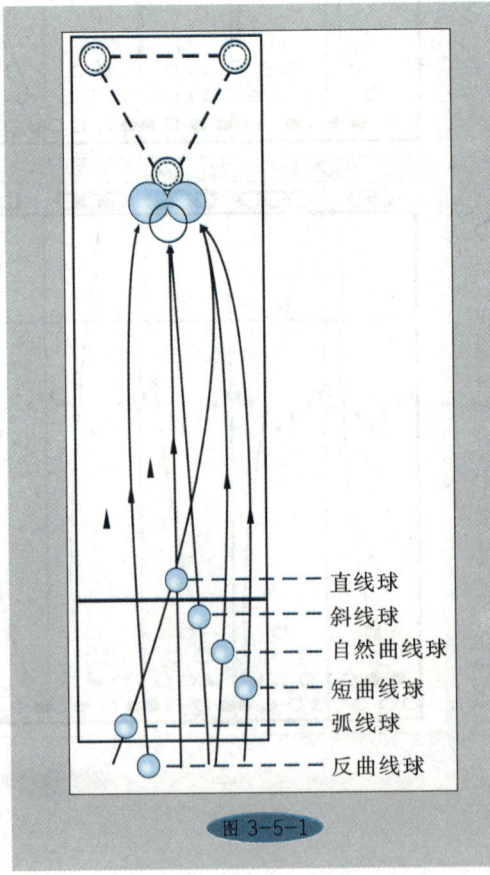

直线球
斜线球
自然曲线球
短曲线球
弧线球
反曲线球

图 3-5-1

保龄球投法

保龄球投法最常用的有：直线球投法、曲线球投法、弧线球投法和飞碟式投法。

直线球投法

直线球摆动最简单，也不用转动手指，初学者多用此种投法。这也是从易到难，学习保龄球的必经之路。但是直线球有自身不可克服的缺点，有意识地让保龄球直线滚动，比想象的要难。它要求在出手的瞬间，拇指必须正对着前方，犹如正对着钟表的 12 点数字。中指、无名指也完全在球的后方支持着重球。这种姿势很不自然，故很难掌握得完美。选手的水平逐渐提高后，都弃它远去。

🌀 **动作方法** 见图 3-5-2

投直线球时一般以①号瓶为投击目标，选好投球位置后，开始进行持球、助跑、摆臂、滑步投球。投直线球出手后，五指是均匀平面张开的。然后

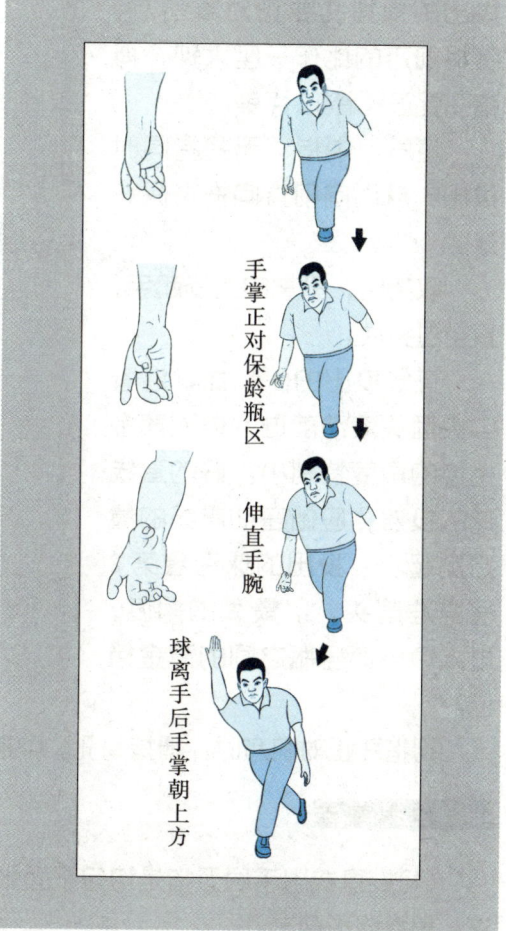

手掌正对保龄瓶区

伸直手腕

球离手后手掌朝上方

平掌向上扬起，球正面翻滚，呈直线形前进。保龄瓶被击中后，成正向朝后倒下，带动后方及两侧的瓶倒下。由于球不是侧转前进，也不是侧转后倒，故容易造成⑦号瓶和⑩号瓶残留。

出手时，先拔出拇指，此时保龄球的头部要端正朝上，拔出的拇指孔要正对着前方，若将前方的比作一座大钟，拇指孔要正对着12点钟位置。

随后，中指、无名指同时拔出，从后向前直向推送保龄球。

收势时，平掌向上扬起手，直至过头顶。

直线投出的保龄球，沿着中央箭头滚动前进，进入黄金档位的角度特别小。好的直线球的投法，应站在助走线的最右侧起步；投出的球沿着第2号瞄准箭头，以最大的角度，进入①～③号瓶之间的黄金档位。

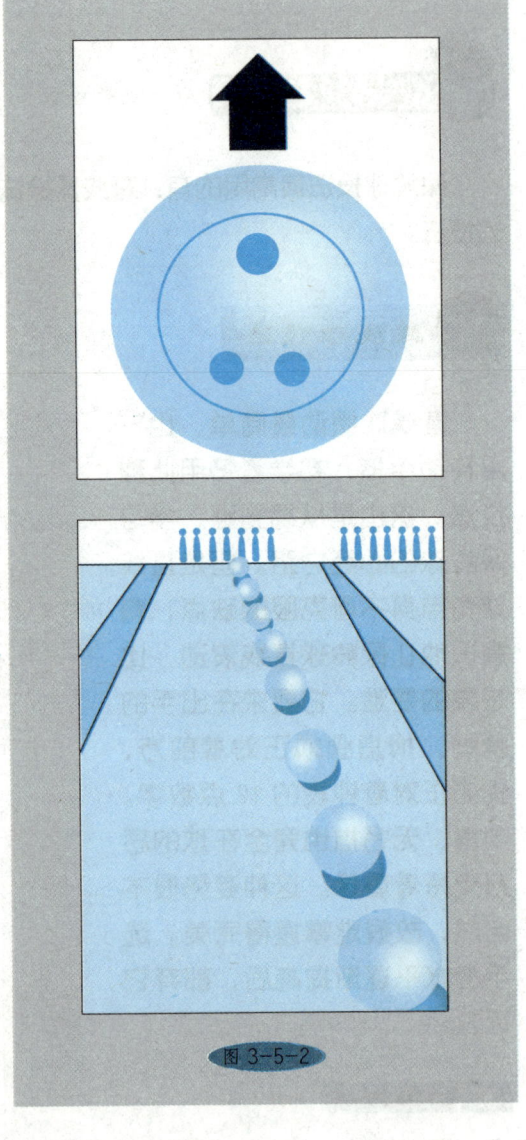

图 3-5-2

拇指孔正对前方时，拇指离孔。中指，无名指对等使劲，推球前进。

❄ 技术要点

(1)投直线出手后五指是均匀平面张开。然后平掌向上扬起，球正面翻滚，呈直线形前进。

（2）保龄瓶被击中后，呈正向朝后倒下，带动后方及两侧的瓶倒下。

（3）由于球不是侧转前进，瓶也不是侧转后倒，故容易造成⑦号瓶和⑩号瓶残留。

 **注意事项**

初学者应先练习这种球路，以后方可循序渐进。这种球路一般为右前方或斜前方投球，因此要确定好瞄准点，否则只要错一点，就不容易形成全倒。

曲线球投法

投出曲线球后，保龄球在开始时呈直线形前进，在接近目标 2～3 米时，开始向左拐，打击①～③号瓶的黄金档。这种球以侧转的形式直线前进，一旦球速减慢，前进动力不足时，侧转力为主占据上风，球开始拐向。球击中保龄瓶后，会造成瓶侧向倒下，连带面比直向倒下效果大 2 倍。曲线球的关键要领是在出手的瞬间，三指的配合动作。在拇指拔出时，将手掌自然地由平掌变成竖掌，在这种状态下，将中指与无名指拔出。这样保龄球就由直向滚动前进，变成侧向滚动前进。

动作方法 见图 3-5-3

曲线球是直行与侧转的相互结合。如速度过快，会造成直行过长，容易打"薄"，球过多地奔向③号瓶。如侧转过度，会过早拐弯，造成打"厚"了，过多地打击①号瓶，或打到①～②号瓶处。要想准确地打入保龄瓶的黄金档，必须经过长期反复的练习，才可找出自己最自然的投球状态，此种投法在世界上最为流行。

出手前，拇指正对前方目标。在出手时，将拇指孔逆时针转动两个钟点，由 12 点变成 10 点。然后立掌扬起，高过头顶。

3/4 角度曲线球。沿第②号瞄准箭头直线前进，在距保龄瓶 2～3 米处转向入档，这是最常用的曲线球投法，对于初学者最易掌握。但每个人的曲线入档角度都会多少有所不同，要认真调节自己的起步位置。

　　沿着最外方的一号瞄准箭头直线前进，然后拐向攻击保龄瓶。这属于高难度的曲线形投法。沿1号箭头前进，比沿2号箭头要多拐向五块球板。故入档角度大，简直犹如横扫一般。拐向大，需要手腕翻转力大，并且沿着最外方的箭头前进，一来容易滑进死沟，二来因为怕滑进死沟，投出的球总是往内侧。

　　沿着3号瞄准箭头直线前进，拐小弯攻入黄金档。这种投法起步站位更靠近中央第20块板，潇洒轻松。无论以上哪种投法在完成时都应在拔出拇指时，中指、无名指，手腕向身体一侧轻转，其转动程度，犹如将钟表由12点转动到10点，即两个钟点。

技术要点

　　手掌立掌扬起是投曲线球的关键，拔出拇指时，中指、无名指，手腕向身体一侧轻转，其转动程度，犹如将钟表由12点转动到10点的方向。

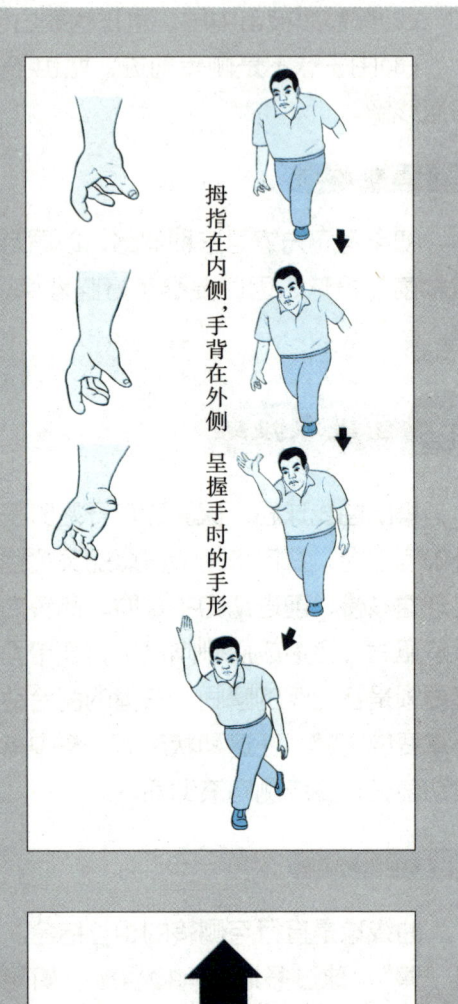

拇指在内侧，手背在外侧　呈握手时的手形

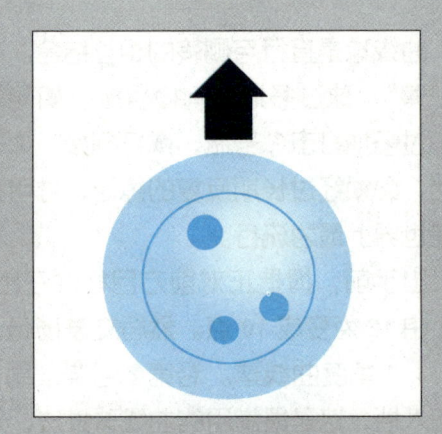

✦ 注意事项

（1）摆动时，球靠三个手指支持。

（2）在瞄准时，要瞄准保龄球道上的辅助箭头。

（3）出手时，先拔出大拇指，中指、无名指会自然地和手腕偏向身体的一侧，这样就会造成球的侧向前进。在站位时，要偏离中心线。

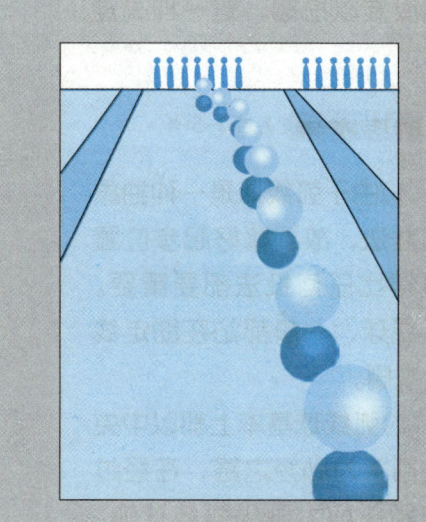

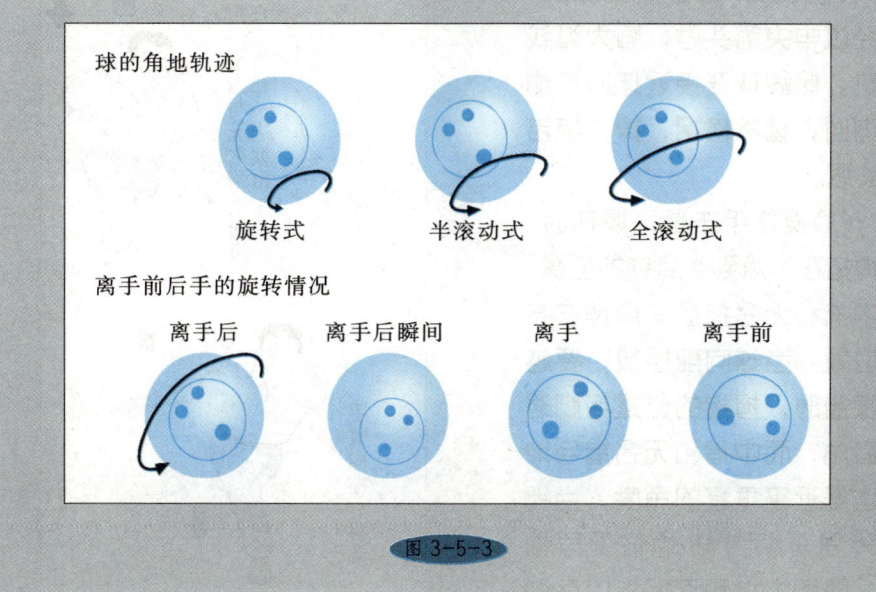

球的角地轨迹

旋转式　　　　半滚动式　　　　全滚动式

离手前后手的旋转情况

离手后　　离手后瞬间　　离手　　离手前

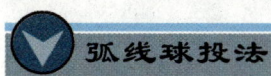

▼ 弧线球投法

弧线球又称大曲线球，这种球行进速度比较缓慢，开始呈大弧度的弯曲球路，这种投球方法球在横方向的旋转力强，对瓶的撞击力也相当大，曲线

的弧度难以控制，是一种高难技术。

🌸 **动作方法** 见图 3-5-4

（1）由于弧线球是一种抽象的瞄准法，故调整好起步位置就显得比任何投法都要重要。打弧线球，一般都站在助走线的最左侧。

（2）弧线球基本上都以中央瞄准箭头为必经之路，在经过中央箭头前，画小弧线球轨，在经过中央箭头后，画大弧线球轨。保龄球在接近球道右侧死沟时，猛然横拐，掉头撞击保龄瓶。

（3）投球手法是：握球时，大拇指在1点到2点钟的位置，而中指和无名指在8点钟左右的位置。当球向前摆放，要越过膝盖时，拇指的位置与脚略呈直角，而中指和无名指与地面也是近乎垂直的角度，当拇指转到9点到10点位提早抽出，随即中指和无名指以强劲旋转的态势来拨举指孔至4点到3点钟的位置，同时顺势脱出。

基本技术

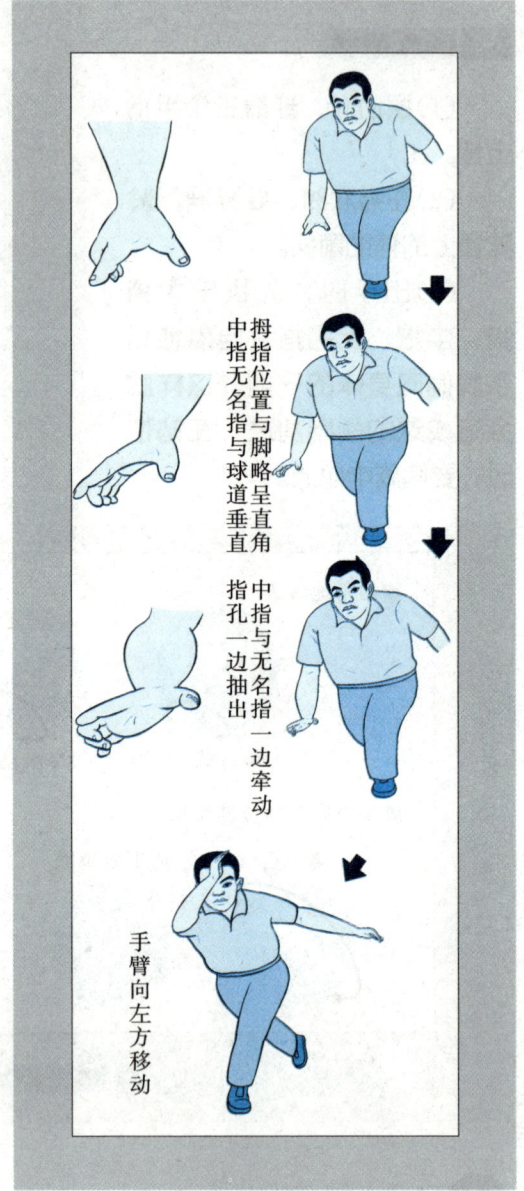

拇指位置与脚略呈直角
中指无名指与球道垂直

中指与无名指一边牵动
指孔一边抽出

手臂向左方移动

技术要点

投弧线球时，中指、无名指要更加使劲地翻转和推动球。收势时的手掌是半手心向下的反掌。弧线球是突出手腕和腰部发力的一种高难技术。

注意事项

球在滚动中会发生大幅度的旋转，对瓶的撞击威力也相当大，曲线的弧度难以控制，想要运用自如，握力与腕力都必须很好地掌握分寸。

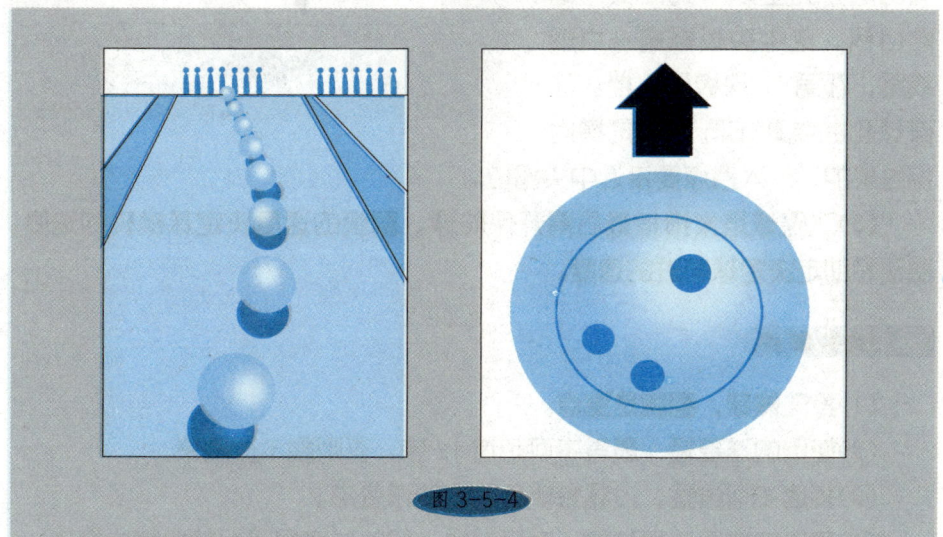

图 3-5-4

飞碟式投法

飞碟球是一种螺式旋转球，它是最早由我国台湾运动员创造的一种投球新技法，投飞碟球要使用较轻的球。

动作方法 见图 3-5-5

（1）出手前已将手腕完全翻转过来，手掌向下，用大拇指做一个顺势的推力，将保龄球送出。然后手背朝天，翻掌平腕，挑手尖扬过头顶。此为低

手位击球。

（2）由于是一个 180 度的翻掌，造成保龄球以 360 度的横转直向前进。飞碟式选手多选择③～④号瞄准箭头之间为瞄准目标。起步站位在球道的左侧，球轨是从左向右直线前进，在第 19 块板处入档。此外，还有的选手完全以中央箭头为瞄准目标，走中央板略偏一点的线路，在第 19 块板处入档。飞碟球和曲线球不同，不是横向拐过来的，故入档点要接近中央部位。

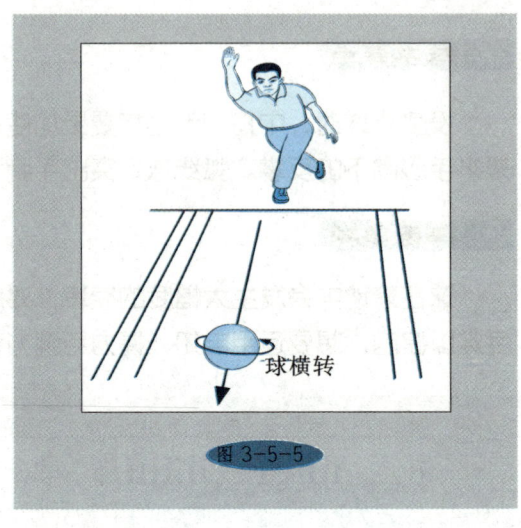

球横转

图 3-5-5

（3）飞碟球是大拇指最后离开保龄球。翻腕的速度决定球横转的速度，摆动和助走决定球前进的速度。

技术要点

（1）投飞碟球，翻腕是重点。
（2）使用的球要轻，最重不可超过 12 磅，否则翻不过腕来。
（3）转速不可过猛，过猛会使手腕的动作变形。
（4）前进的速度不可过快，速度过快，保龄球容易将保龄瓶群体打飞。

注意事项

球出手时，手腕一个翻掌加力，手掌不是像投直线球那样手心朝天，平掌向上扬起，而是手心向下，翻掌向上扬起。飞碟式投法最后给保龄球加力的是大拇指，而不是中指和无名指。所以飞碟式投法的选手，易在大拇指的下方结膙。从外观来看，飞碟式投法和直线式投法非常相近。但是细看来，就大不相同，前者是水平横向旋转着沿直线前进，后者则是由后向前垂直旋转着沿直线前进。

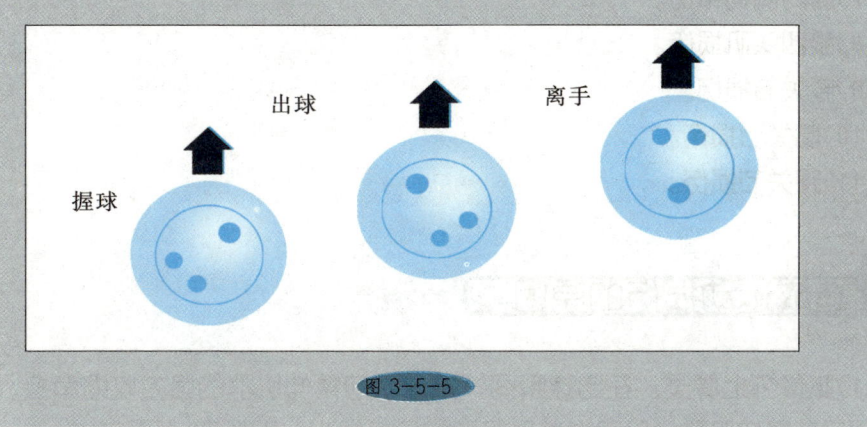

图 3-5-5

第六节

运动损伤及预防

保龄球是个看上去既休闲又轻松的运动，运动量不大，但实际上锻炼到的部位是很多的，手持球、跨步、摆臂、投球，全身的肌肉都参加了活动。但玩球时要求姿势正确，身体平衡，全身协调，否则也会损伤身体。

损伤部位与分类

根据保龄球运动的特点，常见的运动损伤部位主要分布在肩、肘、腕、手指、腰、背、腿以及髋、膝、踝关节上，具体如下：

(1)斜方肌拉伤。

(2)肱二、三头肌拉伤。

(3)腰背肌肉拉伤。

(4)肘骨关节损伤。

(5)伸指、伸腕或屈指、屈腕肌腱损伤。

(6)肩关节损伤。

（7）肘内侧韧带伤。

（8）股四头肌损伤。

（9）膝关节损伤。

（10）髋关节损伤。

（11）踝关节损伤。

造成运动损伤的原因

（1）肱骨外上髁炎。在出球瞬间，投球手前臂伸肌群的强力收缩牵拉，将会引起前臂伸肌联合肌腱附着处肌腱或骨膜发炎，即俗称"网球肘"。一旦出现此症状可暂停练习，局部热敷和口服消炎止痛药物，症状明显或久治未见好转者，可请专科医生在压痛点作封闭治疗。

（2）手腕部慢性损伤。主要表现为投球手的手指和手腕部的屈肌腱在出球用力时疼痛并逐渐加剧，也是一种疲劳性损伤。一旦出现症状可暂减少运动，外敷中药，局部物理治疗，严重者可以局部注射药物和使用保护支持带。

（3）手指神经损伤。系指投球手拇指神经由于反向摩擦而引起创伤性神经瘤。表现为麻木、疼痛，也可出现感觉过敏或感觉减退。这是一种打保龄球所特有的疼痛，故称"保龄球拇指"。预防措施是，初学者选球的重量以不超过自己体重的 1/10 为限，每次运动后要主动活动手指，以改善局部血液循环。严重的神经瘤需手术治疗。

（4）足踝侧副韧带损伤。保龄球在出球瞬间，处于摆的最低点，两腿呈弓步状，身体易失去平衡而造成内翻扭伤，出现足踝外侧或内侧疼痛、肿胀或活动时加剧等症状。急性扭伤可先用冰块冷敷，以减少出血及血肿形成，伤后 24 小时用消肿止痛中药外敷，严重韧带撕裂者，须请专科医生诊治。

（5）部分保龄球爱好者因用力过猛或者姿势不协调等诸多因素，腰腿痛也随之而来。主要表现为左侧下腰部疼痛，腰部不能前屈，尤其是向右侧屈时疼痛加剧，在下肢肌肉酸痛，以大腿后侧肌群和小腿腓肠肌疼痛较明显，严重者行动困难，生活不能自理，改换姿势时加重。

引起腰腿痛的原因，一般认为有以下几方面的因素：

①用力过猛或用力不当，致使脊柱关节失去周围软组织强有力的保护，或瞬间爆发力直接损伤骨关节结构，尤其在助走投的刹那，要完成这一特定动作，脊柱要发生侧弯、旋转运动，以及髋、膝关节伸展运动，这种在动态情况下肌肉群的主动、抵抗或制约所带来消长，都会因用力不当或用力过猛引发腰腿软组织损伤而致腰腿痛。

②不良姿势和不熟练的机械操作，致使骨骼肌各关节弛张无序，功能失调，最后导致腰腿痛。

③长时间单一体位操作，造成肌肉筋膜牵拉，摩擦受压，致积累性损伤。

④初学者往往对打保龄球知识了解不多，对场馆环境不适应，精神紧张或兴奋，匆忙上场而引发。

打保龄球引发的腰痛主要与髂腰韧带劳损有关，可能由于掷球时脊柱的侧弯旋转运动及髋膝关节的伸屈活动引发；下肢酸痛主要与下肢肌群的疲劳有关，可能由于长时间的左下肢屈伸并负重引发。

（6）造成保龄球运动损伤部位很多，总体上是由于以下原因：

①技术动作不规范

保龄球的训练包括身体训练、技术训练、战术训练以及心理素质训练等。因此，其训练内容应是全面的。如果专项技术训练不够，动作方法掌握不好，就容易发生损伤。例如，力量素质较差，技术掌握不规范，在进行大幅度助走与用力时，腰部与肩部会因过度用力而难以随从，导致损伤。因此，循序渐进、全面发展，对每一个从事保龄球运动的人来讲都是十分必要的。

②场地、器材不符合要求

场地凸凹不平，助走道上渗水或被水污染以及球不符合比赛要求等，都会造成滑倒、球脱手等事故，从而造成运动损伤。这类意外的损伤往往比运动过程中的拉伤、扭伤更严重，因此，搞好场地管理，加强训练组织都是有益的。

③身体状态不良引起的损伤

在疲劳、过度疲劳或患病后恢复阶段，其力量、灵敏度、精确判断力和

协调性均显著下降，运动技术的熟练程度和运用能力也明显降低。这时参加运动训练往往会造成损伤。

④准备活动不充分引起的损伤

准备活动的目的是调动机体的潜在机能，促进血液循环，使内脏器官、运动系统以及神经系统的机能适应即将开始的运动需要。准备活动不充分或准备活动的部位与重点不明确，就易在开始的运动中造成损伤。

基本技术

第七节

术语解读

保龄球是源于欧洲的运动项目，进入我国时间并不长，在其开展过程中带有鲜明的原生地特色，而无论在训练、比赛、裁判还是谈论的过程中，都大量使用特定术语。了解乃至掌握这些术语，无疑将有助于从事或者是观赏这一运动项目，更好地体味其带来的乐趣。

ACCELERATION　加速摆动

AIM SPOT　球道上的瞄准标记

ALLEYBED　球道

ALL EVENT　综合比赛

ANCHORMAN　团体赛中最后投球的人

APPROACH　助走区域

ASSISTANT　保龄球馆中的助理教练

AUTO PIN　自动置瓶器

SETTING MACHINE AVERAGE　比赛的平均得分（常将 42 局的总分除以 42）

BABY SPLIT　留下②、⑦或③、⑩两只球瓶的技术球

BACK UP　反手球

BAD POST　只剩下⑦和⑩球瓶

BALL RACK　球架

BAGUET 留下②、⑤、⑤、⑧这 4 只球瓶

BALL HOLES 球孔

BALL RETURN 自动将球送回的轨道装置

BALL STORAGESPACE 放保龄球的架子

BEST CONDITION 最佳的竞技状态

BEST SCORE 最高得分（又称 HIGHGAME）

BIG EARS 留下④、⑥、⑧、⑩这 4 只球瓶

BIG FIVE 瓶一边剩下 2 只，另一边则剩下 3 只

BIG FOUR 残留下④、⑥、⑦、⑩这 4 只球瓶

BLING 团体赛中的缺席者

BOARD 由 39 条宽 1 英寸（2.54 厘米）的木条拼成的球道

BOWLER 打保龄球的人

BOWLING DOCTOR 替保龄球钻孔的技术工人

BOWLING EQUIPMENT 保龄设备

BOWLING SHOES 保龄球鞋

BLOCK 节

BRIDGE 中指、无名指孔联线与拇指孔之间的距离

CENTER HIT 击中①球瓶的中心

CENTER OF MASS 心球的质量中心

CHRISTMAS TREE 剩下 3 只球瓶呈圣诞树状

COMPOSITE AVERAGE 累计平均分

COMPLETITION 比赛

CONDITIONAL OIL 由专用机械涂抹在球道上的润滑油

CONVENTIONAL BALL 标准保龄球，又名惯例球

DONVENTIONAL GRIP 惯例抓球法

CORRECT BODY 正确姿势

CURVE BALL 弧线球

CLOAK ROOM 寄物处

CASHIER 收银处

DEAD PIN 死瓶

DEAD WOOD 球瓶被击中后倚在墙上（此球瓶计作击倒）

DELIBERATE FOUL 故意犯规

DELIVERY 投掷球

DIRECTION CONTROL 方向控制

DOUBLE 连续 2 次投出全中

DUTCHMAN 交替投出一个补中和全中（得 20 分）

END OF THE APPROACH 助走结束步

ERROR 补中失败

FEDERATION INTERNATIONAL DESQVILLEURS(FLQ)国际保龄球联盟

FAST LANE 球在上面滚动得很快的球道（难以打出钩球或弧圈球）

FIRST BALL 第一次投出的保龄球

FIVE PLAYER TEAMS 五人赛

FOLLOW 投球后维持重心的手臂

THROUGH 摆动动作

FOUL 犯规

FOUL JUDGE 犯规线越线裁判

FOUL LINE 犯规线（助走时踩线即算犯规，得分也算犯规，得分记作 F）

FOUR STEP APPROACH 四步法

FRAME 格（每局有 10 格）

FRSME METER 投球计数器

FRICTION FORCE 摩擦力

GAME 局

GO THE RULE 终场时投出 3 次以上全倒（意指技术水平已十分熟练）

GRIP 握球法

GUTTER 球沟

HANDICAP 让分比赛

HAND TOWEL 比赛时擦手的小毛巾

HARD SURFACE BALL 硬表面球

HIGH AVERAGE　最高平均分

HIGH GAME　得分最高的一局

HIGH HIT　保龄球击中①保龄瓶的中心位置

HIGH SCORE　高分

HOOK BALL　钩球

INBALANCE　球因钻指孔后重量不平衡

INCLINE　屈身倾斜

INCLINE OF THE STEPS　脚步倾斜

INERTIA　惯性

INFRACTION　违例

IN THE DARK　位于其他保龄瓶后面不易被发现的保龄瓶

JURY OF APPEAL　申诉委员会

INSTRUCTOR　保龄球教练

KEY STEP　关键步

KINGPIN　指①保龄瓶（又称HEADPIN）；有时也称⑤球瓶

LAN　球道

LAST FRAME　记分中最后一格（即第十格）

LAWN BOWLING　草地保龄球

LIFT　球出手时手指的提升力（可加速球的旋转）

LIGHT　球按全中的线路打入，但遗留下一只保龄瓶

LINE　由十格组成的一局

LINE BOWLING　利用球道的39块木板的纹理来进行瞄准的方法

LOCKER ROOM　更衣室（内有可上锁的储藏柜）

LOFT BALL　不正确投球姿势（将球高高抛起，撞击地板发出很响的声音）

LYLY　剩下⑤、⑦、⑩保龄瓶的情况

MASTER SEMIFINALS　精英预赛

MASTERF GRAND FINALS　精英决赛

MATCH PLAY　对抗赛

MEDAL PRESENTATION　颁奖

MISS 第二次投球未能将第一次投球所遗留下的球瓶击倒（同 ERROR）

MODIFICATIONS 修正

MOTHER IN LAW 只剩下⑦保龄瓶

NINE PINS 九柱戏

ONE IN THE DARK 剩下①、⑤或②、⑧或③、⑨球瓶的情况

ORDER OF BOWLING 投球顺序

PERFECT GAME 300 分满贯

PICK ACTION 保龄球打入保龄瓶中间，有保龄瓶被弹开

PIN BOWLING 不利用瞄准标记而直接瞄准保龄瓶的打法

PIN COURSE 直接用保龄瓶来进行瞄准的投球路线

PIN DECK 保龄瓶区

PIN SETTER 整瓶器

PITCH 保龄球上 3 个指孔和球中心所呈的角度

PLAY-OFF 延长赛

POCKET 指①和③保龄瓶之间的位置，在此位置最易打出全倒

POCKET COURSE 进入①和③保龄瓶之间的位置的球路

POWER HOUSE 有力的一击使保龄瓶全倒

PUSHA WAY 助走投球的第一步，双手将球由胸前向前推出

RANGER FINDER 标记

READ OFF 团体赛中开球者

RELAX 保持轻松的心情打球

RELEASE 助走投球时放开球的动作

RESERVE 预约保龄球道

RESET 使保龄瓶重新排列放妥

RESET BUTTON 回球架（球打出后自动滚回此架）

ROLLING 保龄球的纯滚动（不指侧旋）

SCORE SHEET 记分表

PELEASE 完全旋转

SET UP 球道末端自动装置，将 10 只球瓶按正确位置放好

SCRATCH 总分赛

SINGLES　个人赛

SKID　球的滑溜

SLEEPER　慢速球

SLIDE　送球动作时最后的滑步

SPAN　中指、无名指孔联线与拇指孔之间的距离

SPARE　第二次投球将第一次投球未击倒的球瓶全部击中（又称补中）

SPIN　掷球出手时手臂、手腕的旋转动作或保龄球前进时自身的侧旋

SPLIT　包括①保龄瓶在内的数只保龄瓶被击倒，剩下的 2 只或数只保龄瓶分开较远的技术球

SPOT　球道上的标记

SPOT BOWLING　依靠瞄准标记来瞄准的保龄球打法

SQUARE　投球时肩膀的角度与球路垂直的姿势

SS　交替投出全中及一个补中，最后得到 200 分

STANCE　站位

STEP　步法

STRALGHT BALL　直球

STRALGHT WRIST　直腕

STRIKE　第一球就将 10 个保龄瓶全部打倒（又称全中）

STRIKE OUT　在第十格中 3 次击出全中

SWEEPER　打出强有力的钩球或弧球（球瓶被全部击中时像被横扫一样）

TECHNICAL COMMITTEE　竞赛委员会

TECHNICAL COMMITTEE　技术委员会

TOURNAMENT DIRECTOR　竞赛主任

TAP　球虽已进入全中路线，但仍留下一只保龄瓶的情况

TARGET PIN　作为瞄准目标的球瓶

TELEPHONE　只剩下⑦、⑩保龄瓶的情况

TEN-PIN　十瓶式保龄

THE BASIC BALL　球的基本轨迹

THE HELGHT OF THE　后摆最高点

THREE STEP APPROACH　三步法

THUMB HOLE　拇指孔

TURN IN　手臂内旋

TURN OFF　手臂外旋

TOP BOWLER　高水平的保龄球员（平均得分在 200 分左右）

TRAINING LANE　练习球道

TRIPLE　连续 3 次击出全中（同 TURKEY）

TURKEY　连续 3 次击出全中

UFO　飞碟球

WASHOUT　对右手持球的球员来说剩下①、②、④、⑩球瓶的情况（对左手持球的球员来说剩下①、③、⑥、⑦球瓶的情况）

WORLD TENPIN BOWLING　世界十瓶保龄球联合会

WIBC　国际妇女保龄球协会

WOOL-WORTH　剩下⑤、⑩球瓶的技术球情况

WORKING BALL　带有强烈侧旋的球，会将保龄瓶飞弹出去

WRIST　手腕

第四章　比赛规则

　　制定各项运动的比赛规则，有助于比赛参与者了解运动的基本知识，以使自己在比赛过程中游刃有余地发挥技术水平。比赛观赏者也只有在了解基本规则的前提下，才能够充分体验观赏比赛的乐趣。

第一节

比赛方法

运动员要按照一定的方法进行比赛,并须遵循一定的规则,以使比赛有序进行。

 比赛安排

一局

保龄球比赛的一局由10格组成,以击倒球瓶数的多少来记分并决定胜负。每格有两次投球机会。如果在一格中,第一次投球就把10个球瓶全部击倒,即全中,就不能再投第二次。但在第十格中,第一次投球如果全中,仍要继续投完最后两个球;如果是补中,就要继续投完最后一球,结束全局。

名次

保龄球比赛时,均以6局总分累计决定名次。

(1)单人赛:将每一局的成绩相加,以6局总分高低决定名次。

(2)双人赛:每人6局,以二人合计12局累计总分高低决定名次。

(3)三人赛:每人6局,以三人合计18局累计总分高低决定名次。

(4)五人赛:每人6局,以五人合计30局累计总分高低决定名次。

(5)全能赛:以每人24局总分高低决定全能名次。

 基本术语

全中

如果每一格的第一次投球击倒了全部竖立的十个保龄瓶,则称之为全中。用(X)符号将全中记录在记分表上该格右边的小方格内。全中的得分

是 10 分加上运动员下两次投球击倒的瓶数。

两次全中

　　连续两次全中称为两次全中。　第一次全中那格的得分为 20 分再加上随
后第一球所击倒的瓶数。

三次全中

　　连续三个全中称为三次全中。　第一次全中那格的得分是 30 分。一局的
最高分是 300 分，运动员必须连续击出 12 个全中。

补中

　　如果每格的第二次投球击倒了该格第一次投球后所剩余的全部保龄瓶，
则称其为补中。补中用符号（/）表示，记录在该格右上角的小方格内。补中
的得分是 10 分加运动员下一个球所击倒的瓶数。

失误

　　除了第一次投球形成分瓶的情况外，如果运动员在某格两次投
球后，未能将 10 个保龄瓶全部击倒，则称之为失误。

分瓶(技术球)

　　分瓶是指在第一球投出后，把①号瓶及其他几个瓶击中，剩下的保龄瓶
呈下列状态：
　　(1)2 个或 2 个以上的保龄瓶，他们之间至少有 1 个保龄瓶被击中。如：
⑦号瓶和⑨号瓶、③号瓶和⑩号瓶。
　　(2)2 个或 2 个以上的保龄瓶，紧挨在他们前面的保龄瓶至少有一个被
击中。如：⑤号瓶和⑥号瓶。

合法击倒球瓶

　　运动员合法投球后保龄瓶发生下列情况，将被认为是合法击倒保龄瓶：
　　(1)保龄瓶被球和其他保龄瓶直接击倒或击出放瓶台。
　　(2)保龄瓶被从两侧边墙隔板或球道后部缓冲板反弹回来的保龄瓶所击

比赛方法

倒或击出放瓶台。

（3）在清扫保龄瓶前，保龄瓶被扫瓶器横杆反弹回来的保龄瓶所击中或击出放瓶台。

（4）保龄瓶斜靠在边墙隔板上，在下次投球前，这些保龄瓶都应该被清除掉。

不合法击倒球瓶

凡属下列情况者，投出的球有效，但被击中之保龄瓶不予记分，不合法击中保龄瓶一经出现，应恢复原位：

（1）球在到达保龄瓶前先脱离球道，然后才击中的保龄瓶。

（2）投出的球从后部缓冲板反弹回来击中的保龄瓶。

（3）保龄瓶接触摆瓶员身体任何部分反弹回来击中的保龄瓶。

（4）被自动摆瓶器碰中的保龄瓶。

（5）在清除倒瓶时被碰倒的保龄瓶。

（6）被摆瓶员碰倒的保龄瓶。

（7）运动员犯规后击中的保龄瓶。

（8）投球后在球道和边沟里出现倒瓶，球在离开球道表面前碰倒这些保龄瓶。

犯规

在投球时或投球后，运动员的部分身体触及或超越了犯规线，以及接触了球道的任何部分和其设备建筑时，即为犯规。除每一格的最后一次投球外，运动员的犯规应用符号（F）记录在记分栏中，但击中之保龄瓶不记录，应将被击中之保龄瓶重新排列，运动员可继续投本格的下一个球。每一格的最后一次投球时犯规，应作相应记录，并结束该格的比赛。

第二节
裁判方法

在比赛过程中，裁判人员通过履行其职责，进行正确的裁判工作，来保证比赛的公平、公正。

保龄球比赛的裁判人员包括记分员和执行裁判等。记分员必须在记分表上详细填写每一次投球所击中的保龄瓶数，以便于每格均可以核实查对。每个运动员和队长应在每局比赛后立即在记分表上签名确认成绩。除了分数的计算有明显的错误外，成绩一经记录不得更改。一旦发现有明显的错误，执行裁判应立即改正。

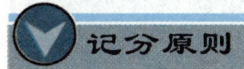

记分原则

一局保龄球的记分方法以十格记分格为计算原则，球手需在每一格尽量打中全部球瓶。如未能一投全中，可再投一球。每一个记分格所得的分数是该格所投击中保龄瓶总数，但如果能在第一球打全中，该格所得分数会加上后面所投二球所击倒的瓶数；如打补中，该格所得分数会加上后面所投一球所击中瓶数。每一个记分格的分数会累积到下一个记分格。

记分符号

以下是用作记分的符号：

记号	X	/	F	S	–
代表	全中	补中	犯规	分瓶	失误

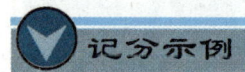 记分示例

下面以一局比赛为例，演示具体的记分方法。

一般记分方法

第一格的两球分别中 6 个和 2 个，共得 8 分；第二格第一球中 8 个，第二球失误，得 8 分，累积为 16 分；第三格第一球中 5 个，第二球中 1 个，累积为 22 分。

1		2		3		4	5	6	7	8	9	10
6	2	8	–	5	1							
8		16		22								

全中后的记分方法

第四格全中后，不要立即记分，要待紧接的二球后才计此格之累积分数。如再击出第一球未能全中，而第二球未能补中，此例中，第四格得 19 分 =(10+7+2)，第五格只得 9 分。

1		2		3		4	5		6	7	8	9	10
6	2	8	0	5	1	X	7	2					
8		16		22		41	50						

假设第六格又得全中，又要看第七格的分数。如再击出第一球未能全中，而第二球补中，此例中，第六格得 20 分（=10+6+4）。

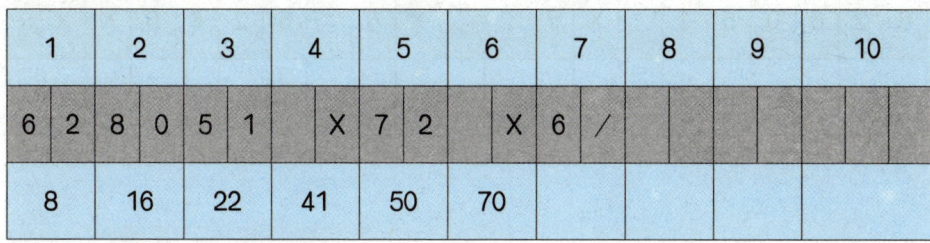

1	2	3	4	5	6	7	8	9	10
6 2	8 0	5 1	X 7 2	X 6 /					
8	16	22	41	50	70				

补中后的记分方法

补中后，如再击出 1 球能全中，此例中，第七格得 13（=10+3），第八格共取 5 个，累积为 88 分。如再击出第一球失误／犯规，当格得 10 分（=10+0）。

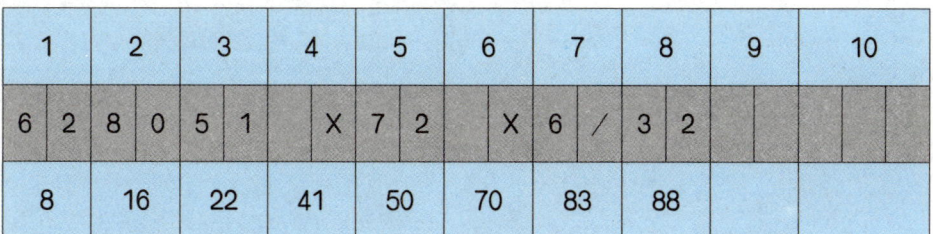

1	2	3	4	5	6	7	8	9	10
6 2	8 0	5 1	X 7 2	X 6 /	3 2				
8	16	22	41	50	70	83	88		

第十格的记分方法

第十格是比较特别，最多有 3 次投球机会。如在第十格有全中或补中，照例多打 2 球或 1 球以计算第十格分数。

1	2	3	4	5	6	7	8	9	10
6 2	8 0	5 1	X 7 2	X 6 /	3 2	4 5	5 / 8		
8	16	22	41	50	70	83	88	97	115

1		2		3		4		5		6		7		8		9		10	
6	2	8	0	5	1		X	7	2		X	6	/	3	2	4	5	X	X	8
8		16		22		41		50		70		83		88		97		125	

比
赛
规
则

• • • • • • • • •